Armand Mattelart
Erik Neveu

Introduction aux *Cultural Studies*

Éditions La Découverte
9 *bis*, rue Abel-Hovelacque
75013 Paris

Nos remerciements à l'équipe rédactionnelle de *Réseaux*.

Merci aussi à Marie-Claire Sabin grâce à qui un fonds documentaire *Cultural Studies* a pu se constituer à l'IEP de Rennes.

Catalogage Électre-Bibliographie
MATTELART, Armand*NEVEU, Erik
Introduction aux *Cultural Studies*. – Paris : La Découverte, 2003. – (Repères : 363)
ISBN 2-7071-3790-1

Rameau :	sociologie de la culture : Grande-Bretagne communication et culture médias : aspect social
Dewey :	302.4 : Psychologie sociale. Communication de masse. Sociologie des médias
Public concerné :	1er et 2e cycles. Public motivé.

Introduction

La notion de culture est de celles qui ont suscité en sciences sociales les travaux les plus abondants, les plus contradictoires aussi. Le terme peut tantôt désigner un panthéon de grandes œuvres « légitimes », tantôt prendre un sens plus anthropologique, pour englober les manières de vivre, sentir et penser propres à un groupe social [Cuche, 1996]*. *La Joconde* et la sociabilité qui se greffe sur l'assistance à un match de football illustreraient ces deux pôles. L'idée d'une culture « légitime » implique aussi une seconde opposition, cette fois entre les œuvres consacrées et celles de ce qu'on a nommé « culture de masse », produite par les « industries culturelles ». Proust contre Mary Higgins Clark, Chostakovitch contre les chansons de Michael Jackson.

La façon de réfléchir aux cultures, de les articuler doit aussi à des traditions nationales. L'Amérique latine a prêté une grande attention aux médiations entre cultures populaires et production culturelle de masse. Parfois désigné comme « État culturel », l'État français a joué depuis des siècles un rôle éminent dans le développement et la diffusion d'une culture lettrée par l'école, les académies, même la télévision dans les années 1960. Littérature et philosophie y ont bénéficié d'une prééminence que symbolise la figure de l'« auteur ». Cette place d'une culture lettrée dans la constitution même de l'identité française explique pour partie la défense par les gouvernements français d'une « exception culturelle » dans les débats de l'Organisation mondiale du commerce, tout comme la longue répugnance des

* Les références entre crochets renvoient à la bibliographie en fin d'ouvrage.

intellectuels français à entreprendre une étude sérieuse des produits de la culture « de masse ».

L'audience et le prestige de ces traditions nationales sont très contrastés. La France a cherché à faire de sa culture lettrée et des travaux qui l'ont théorisée une contribution à valeur universelle. L'apport allemand a également connu une vaste diffusion, qu'il s'agisse, au XIXe siècle, de Humboldt ou de Herder, au XXe siècle, de l'école de Francfort. Dans le domaine socio-anthropologique l'apport précoce des chercheurs américains, de Margaret Mead à Clifford Geertz, *via* l'école de Chicago, est aussi éminent. Curieusement, si la contribution britannique à la production d'œuvres de culture légitime est incontestée, les réflexions originaires du Royaume-Uni qui s'attachent au statut de la culture et à sa signification sont largement méconnues en France. Cette ignorance est paradoxale au seuil du XXIe siècle, où une tradition récente, consacrée sous le label de *Cultural Studies*, inspire sur presque toute la planète un flux sans équivalent de travaux et de théories sur le statut contemporain de la culture.

Les métamorphoses d'un courant de recherche

Que couvre ce label ? Il trouve ses antécédents au XIXe siècle. Volontiers associée à un pragmatisme allergique aux schémas théoriques, l'Angleterre industrielle a pourtant vu se développer alors un débat original sur la culture, pensée comme instrument de réorganisation d'une société bouleversée par le machinisme, de « civilisation » des groupes sociaux émergents, comme ciment d'une conscience nationale. Ce débat, qui trouve alors son équivalent dans le monde intellectuel de la plupart des pays d'Europe, va donner naissance aux lendemains de la Seconde Guerre mondiale à une entreprise originale. On peut qualifier alors l'émergence des *Cultural Studies* comme celle d'un paradigme, d'un questionnement théorique cohérent. Il s'agit de considérer la culture au sens large, anthropologique, de basculer d'une réflexion centrée sur le lien culture-nation à une approche de la culture des groupes sociaux. Si elle demeure fixée sur une dimension politique, la question centrale est alors de comprendre en quoi la culture d'un groupe, et d'abord celle des classes populaires, fonctionne comme contestation de l'ordre social ou à l'inverse comme mode d'adhésion aux rapports de pouvoir.

Les années 1970 verront l'épanouissement de ces thématiques. L'école de Birmingham explore les cultures jeunes et ouvrières, les contenus et la réception des médias. Des historiens exhument les manifestations de multiples résistances populaires. Ces recherches ont un caractère particulièrement précurseur puisqu'il faudra encore attendre une vingtaine d'années pour que surgisse, en France, à l'initiative de chercheurs comme Marc Augé, une « anthropologie des mondes contemporains » [1994] qui s'aventure dans le métro, les parcs d'attractions, les aéroports, les « non-lieux ». Cette anthropologie rapatrie sur les sociétés dites complexes les outils d'observation des cultures jusque-là réservés aux sociétés « primitives ».

Ce qui n'était au départ qu'un foyer marginal de recherche, entre monde universitaire et réseaux de la nouvelle gauche britannique, connaîtra après 1980 une expansion considérable. Les travaux s'étendent graduellement aux composantes culturelles liées au « genre », l'« ethnicité », l'ensemble des pratiques de consommation. Ils acquièrent un rayonnement planétaire. Mais cette expansion s'accompagne de ruptures. Les réfractaires d'hier acquièrent des positions de pouvoir dans le monde académique. Débitrice du marxisme, leur inspiration théorique doit faire face à la dévaluation de cette approche, se confronter à la montée de nouvelles idéologies et théories, aux effets des changements sociaux : revalorisation du sujet, réhabilitation des plaisirs liés à la consommation des médias, montée des visions néo-libérales, accélération de la circulation mondiale des biens culturels. Si les *Cultural Studies* demeurent alors un paradigme, ce n'est déjà plus le même qu'à leur origine. Elles mettent désormais en exergue la capacité critique des consommateurs, remettent en cause le rôle pivot de la classe sociale comme facteur explicatif, pour réévaluer ceux de l'âge, du genre, des identités ethniques.

Emportées par la dynamique de leur succès, qui se traduit en particulier par une inflation de revues, de livres, de manuels, par la création dans un nombre croissant de pays de départements de *Cultural Studies*, elles vont connaître de nouveaux infléchissements. Ils se traduisent par l'expansion incessante de leur territoire qui englobe des objets traités jusque-là par diverses sciences sociales et humaines : consommation, mode, identités sexuelles, musées, tourisme, littérature. Les tenants les plus radicaux de ces recherches revendiquent désormais le statut d'une « antidiscipline ». Le terme marque le refus des cloisonnements disciplinaires, des spécialisations, la volonté de combiner les apports et les questionnements issus de savoirs métissés, la conviction que la plupart des enjeux du monde contemporain gagnent à être questionnés au prisme du culturel. L'entreprise a le mérite de bousculer les effets d'enfermement liés à l'hyper-spécialisation. Elle pose cependant question. Le mot discipline signifie aussi sérieux, contrôle, respect de règles. Comment récuser les disciplines — au sens de spécialités — sans se libérer simultanément de la discipline — au sens de rigueur de travail et de méthodes — qui peut être leur face positive ?

Penser le culturel

Une approche chronologique s'impose donc de par la nature même d'un chantier de recherche caractérisé par ses mobilités : bascules dans les questionnements, institutionnalisation dans le monde académique, expansion planétaire. Cette « Introduction » vise quatre objectifs.

Le premier est de restituer des travaux et débats. Par ricochet, il s'agit de mettre fin à un provincialisme français qui fait froncer les sourcils au seul énoncé du terme mystérieux de *Cultural Studies*. Si les travaux issus de cette jeune tradition doivent être débattus, contestés parfois, leur méconnaissance est choquante tant en raison de leurs apports que parce qu'ils constituent le support d'une part essentielle des débats scientifiques contemporains sur la culture.

Cet ouvrage vise aussi à introduire deux questionnements qui concernent toutes les sciences sociales. Il veut rappeler qu'un engagement critique des chercheurs — s'il se soumet aux contrôles organisés d'une communauté scientifique — n'est ni une concession à une vision désuète de l'intellectuel engagé, ni une entrave au savoir, mais peut constituer le moteur d'une intelligence des faits sociaux. En des temps où chercheurs et intellectuels sont invités à se comporter en experts et ingénieurs du social, répondant aux demandes des pouvoirs, où un empirisme instrumental voudrait disqualifier les questions sur les conditions de production du savoir, une lecture généalogique ne peut que réintroduire des questions essentielles.

Cette déconstruction d'un héritage de recherche ouvre la voie à un dernier objectif : comprendre les métamorphoses de la notion de culture dans le demi-siècle écoulé, questionner tant les façons dont fonctionne la culture à l'époque de la mondialisation que les risques d'une vision de la société réduite à un kaléidoscope de flux culturels, jusqu'à oublier que nos sociétés sont aussi régies par des rapports économiques, politiques, une armature sociale qui ne se réduit ni aux séries télévisées à succès, ni à l'impact des *reality shows*.

I / La critique culturelle de la société bourgeoise

Au cours du XIXe siècle, une tradition de pensée connue sous l'appellation « *Culture and Society* » émerge en Grande-Bretagne portée par les figures intellectuelles de l'humanisme romantique. Au-delà de leurs clivages idéologiques, elles ont en commun de dénoncer les dégâts de la « vie mécanisée » sous l'effet de la « civilisation moderne ». L'identité nationale est alors confrontée au triomphe d'une *middle class* qui a disqualifié l'art comme ornement non rentable, à la perte d'influence de l'aristocratie héréditaire et à l'irruption des classes populaires. Le concept de culture devient la pierre de touche d'une philosophie politique et morale. La littérature en devient le symbole et le vecteur. La fréquentation des œuvres est censée pouvoir modifier l'horizon de sensibilité d'une société enchaînée à l'idéologie du « fait ». Vers la fin du siècle, la croyance dans le pouvoir purificateur de la « création imaginaire » à transfuser dans les classes émergentes les valeurs civiques trouve son champ d'application privilégié dans la mise en place d'un champ d'études sur la littérature anglaise : les *English Studies*. Les controverses sur leur contenu et le profil des publics auxquels elles sont susceptibles de s'adresser accompagneront la lente gestation d'une conception sociohistorique de l'idée de culture qui mènera à la création des *Cultural Studies*.

« *Culture and Society* » dans l'Angleterre du XIXe siècle

Carlyle : l'homme de lettres comme héros et intellectuel de la modernité

« Le Héros comme *homme de lettres* — note en 1840 Thomas Carlyle (1795-1881) — est tout à fait un produit des nouveaux âges ; et aussi longtemps que l'art merveilleux de l'*Écriture*, ou de la rapide Écriture que nous appelons *Imprimerie*, subsistera, on peut s'attendre à voir ce héros persister comme une des principales formes d'Héroïsme pour tous les âges futurs. » Persuadé que l'histoire universelle consiste essentiellement dans les biographies réunies des héros, qu'elle est le résultat matériel des pensées des grands hommes, Carlyle n'a de cesse de chercher la catégorie d'hommes providentiels aptes à recréer une « nouvelle âme du monde » afin d'enrayer la crise de civilisation précipitée par la marche forcée vers une industrialisation précoce.

Une nation de héros est une nation qui croit, qui est animée par une religion. Non pas une religion qui annonce le retour glorieux d'un nouveau Christ, mais un corps de croyances quotidiennes pour les temps présents. « Celui qui peut écrire un vrai livre, pour persuader l'Angleterre, n'est-il pas, lui, l'évêque, et l'archevêque, le primat d'Angleterre et de toute l'Angleterre ? Les écrivains de journaux, de pamphlets, de poèmes, de livres, ceux-là *sont* la réelle, agissante, effective Église d'un pays moderne » [Carlyle, 1910, p. 148]. L'imprimerie est l'équivalent de la démocratie, la littérature, le nouveau parlement. Aux trois États, la noblesse, le clergé et le peuple, il convient d'en ajouter un quatrième, de loin le plus important de tous, la galerie des hommes de lettres. Seule la force vitale de ces législateurs méconnus de l'humanité est capable de réinsérer la société dans la vitalité naturelle, d'enrayer les mécanismes de la Machine-monde, de faire converger les « filaments organiques » de l'« universel tissu du monde » en accélérant la « circulation veineuse et artérielle » d'un univers solidaire, expression vive d'une nouvelle « communion des saints ». Ce qui n'empêche pas Carlyle d'afficher son scepticisme à l'égard des groupes, comités et autres formes de l'« association universelle », de célébrer l'État fort qui, sous l'égide d'un chef, mettrait la société au travail, et de se faire le chantre, soixante ans avant Rudyard Kipling, d'une race saxonne prédestinée et de l'enthousiasme impérialiste.

Patrimoine littéraire et romantisme

Ce n'est qu'au cours du XIXe siècle que le développement d'une masse critique de textes en langue nationale donne au mot littérature son acception moderne en même temps que l'on assiste à une redéfinition nationale des univers littéraires. Les littératures nationales mobilisent mythes et émotions au profit de processus de constitution et réactivation des identités nationales [Thiesse, 1999]. La notion de « classique national » fixe le repère de la légitimité littéraire, ce à partir de quoi est reconnue *la* littérature. Lié indissolublement au destin de la langue, le « capital littéraire », ensemble de textes recensés comme nationaux et incorporés à une histoire nationale, se convertit en ressource de l'espace politique [Casanova, 1999].

Nationaliste, le XIXe siècle est simultanément celui d'une internationale du sentiment et de l'intensité. La valeur littéraire devient un enjeu des échanges et des rapports de force entre les cultures. Carlyle puise ses références chez les écrivains et philosophes romantiques d'une Allemagne toujours en quête de son identité et qui, par la voix de Goethe, situe la question de l'espace littéraire de la nation dans le contexte concurrentiel d'une *Weltliteratur*. Goethe et Fichte apparaissent comme les parangons de l'homme de lettres moderne. La philosophie de l'histoire dont se réclame l'écrivain anglais est le décalque de la philosophie transcendentaliste de Fichte. Il lui emprunte la notion d'« Idée divine du monde » développée au tout début du siècle dans la leçon « Sur la nature de l'homme de lettres » (*Über das Wesen des Gelehrten*). Toutes les choses que nous voyons ou nous faisons ne sont qu'une sorte de vêtement (*vesture*) ou d'apparence sensible (*sensuous appearance*) sous laquelle se manifeste l'Idée divine. Interprète désigné pour révéler et représenter la moderne « Idée divine du monde », l'homme de lettres est investi d'une mission de « prédicateur ». Par sa parole et ses actes, il prend le relais de la fonction d'« éveilleur » qui incomba dans les âges précédents au prophète, au prêtre et à la divinité. Cette « aristocratie du talent » éclaire l'homme noyé dans la masse qui ne soupçonne pas le fait de la réalité souterraine de cette Idée divine. Car la « héroarchie » rime avec la hiérarchie, le commandement avec l'obéissance.

La fascination de Carlyle pour l'« esprit germanique » a comme envers son parti pris à l'égard de l'« esprit français » et de son « culte de la logique ». Le pathos contre le logos, le vécu

L'anti-industrialisme et la critique du lien marchand

La souveraineté accordée à l'imagination créatrice comme riposte aux logiques de la révolution industrielle par l'humanisme romantique est à la racine de ce que certains de ses critiques ont convenu d'appeler l'« idéologie anglaise » [Robins et Webster, 1987]. Une idéologie qui a eu pour effet de tendre « un cordon sanitaire culturel autour des forces du développement économique — technologie, industrie, commerce » [Wiener, 1985]. D'autres ont préféré parler à ce propos de « mal anglais » et y ont vu une des causes de la séparation récurrente entre les « deux cultures » : celle de l'« homme de lettres », figure tutélaire de l'intellectuel, et celle des représentants des disciplines scientifiques liées au processus industriel [Snow, 1960].

Carlyle fustige ainsi la doctrine triomphante du libre-échange commercial, défendue par les *free-traders* regroupés dans la Ligue de Manchester. Il épingle les deux forces majeures que ses idéologues ont déchaînées : le culte du Veau d'or et le « dilettantisme à doubles armoiries », d'une part les capitaines d'industrie dont l'évangile est le profit et, de l'autre, l'aristocratie oisive et absentéiste des grands propriétaires terriens qui affament le peuple. Le principe de l'« individualisme éclairé » cher à Adam Smith (1723-1790) et aux Lumières écossaises s'est dissous dans la logique de la loi de l'offre et de la demande. Seul subsiste le *cash nexus*, « le paiement en espèces comme lien unique entre un homme et ses semblables ». Les hommes ont perdu leur foi dans l'invisible et travaillent dans le visible. La « conception mécanique du monde » a triomphé. L'univers est à l'image d'« un engin à vapeur, une mécanique sans vie, ne fonctionnant que par des mécanismes, des poids et des contrepoids » [Carlyle, 1910, p. 155]. Le matérialisme a eu raison de la vieille « société organique », dont Carlyle illustre la morale solidaire dans *Past and Present* (1843) en dressant un parallèle entre la vie idéalisée de la communauté monastique de St. Edmundsbury au XIIe siècle et les

contre le conçu : les deux caps antagoniques de la pensée allemande et de la Révolution française répartissent l'espace de la littérature et de la philosophie entre ceux qui rapportent tout à un grand principe organisateur et ceux qui invitent à une vision contradictoire du monde. La pensée trop claire, assène Carlyle, annule toute forme d'activités spontanées et bride l'expression des ordres aveugles et instinctifs de la vie. Le mouvement de nationalisation de la culture en Angleterre (mais aussi en Allemagne, les deux traditions s'appuyant mutuellement) s'affiche en opposition ouverte à l'emprise de l'universalisme de la France et la suprématie de sa langue. Ce trait laisse deviner de façon plus précise l'enjeu stratégique que représente pour la société anglaise la *self-national definition* de l'espace littéraire.

fléaux du système industriel. Le titre de l'édition française de cet ouvrage en traduit bien la nostalgie : *Cathédrales d'autrefois et usines d'aujourd'hui*. Le dilemme communauté/société théorisé en Allemagne par Tönnies (1887) se retrouvera quelque quarante ans plus tard au fondement des premiers débats sociologiques sur la nature de la société de masse.

Un nouveau sens commun s'est installé qui avalise la philosophie utilitariste de Jeremy Bentham (1748-1832), cette doctrine qui ramène la notion du juste à celle de l'utile et fait de l'intérêt bien entendu de chacun le principe du droit et de la morale, le critère du plus grand bonheur. À travers la critique du « benthamisme » et de ses continuateurs, John Stuart Mill (1806-1873) en tête, Carlyle met en cause sa véritable source : le rationalisme et le jacobinisme des révolutionnaires de 1789, coupables d'avoir plaqué leurs schémas géométriques sur le grouillement des diversités culturelles façonnées par l'histoire.

Le jacobinisme et le rationalisme, c'est aussi la doctrine de l'industrialisme formulée par le saint-simonisme dans une France qui, paradoxalement, à la différence de l'Angleterre, est toujours en quête de son avenir industriel. Carlyle est le traducteur de l'ouvrage de Claude Henri de Saint-Simon (1760-1825) *Le Nouveau Christianisme*, et il entretient des échanges épistolaires avec ses disciples. À leur propos, dans *Past et Present*, il reprend à son compte l'opinion de Goethe : « Le jacobinisme se révélant saint-simonisme nous présage d'innombrables bonnes choses : mais la chose elle-même arracherait des larmes à un stoïcien. » Sur l'essentiel, tout les sépare. Carlyle regarde le futur dans le rétroviseur. Saint-Simon soutient que l'âge d'or reste à advenir. Carlyle érige les hommes de lettres en garants du retour à la société organique. Saint-Simon voue aux gémonies les « littérateurs » dont la « pensée négative » n'a pas réussi en 1789 à sortir la société française de son état critique. Il fait donc de l'alliance entre les industriels et les savants, porteurs de la pensée positive, la condition même de la stratégie industrialiste de sortie de la crise de l'organicité sociale. Il postule que l'histoire doit cesser d'être l'une des branches de la littérature pour laisser place à une histoire scientifique, où l'économie politique se définira comme la « science propre de l'industrie ».

Arnold : la culture comme service public

La conception volontariste du salut par la culture, et plus spécifiquement le texte, se formalise sous l'ère victorienne avec Matthew Arnold (1822-1888), inventeur d'une philosophie de l'éducation. Critique littéraire en même temps que critique social, il ausculte l'ethos des nouvelles classes ascendantes. Auteur de nombreux essais sur l'égalité, la démocratie, la fonction de la critique de la vie publique, on lui doit surtout un ouvrage, publié en 1869, *Culture and Anarchy : An Essay in Political and Social Critique*. Alors que ses contemporains Marx et Engels interprètent les tares de la révolution industrielle et l'avènement du « marché-univers », sous l'égide du capitalisme faisant craquer le carcan de l'ordre ancien en libérant les

« forces productives », comme l'envers d'un ordre nouveau ouvrant des perspectives inédites au projet universaliste de révolution sociale, Arnold, sur les traces de Carlyle, raisonne en termes d'« anarchie », de « désordre », de désintégration de la « totalité organique ». Arnold ne partage pas pour autant la dévotion de son prédécesseur pour l'idéalisme allemand. Gallophile, il ne cache pas son admiration pour les acquis de la Révolution : la participation de l'intellectualité française à la vie de la cité et le rôle central de l'État, intelligence collective transcendant les volontés individuelles et se portant garant de l'idée « publique » et « nationale ». Il s'intéresse surtout au système d'éducation élémentaire français, développé par Guizot. Inspecteur des écoles pendant trente-cinq ans et, accessoirement, professeur de poésie à Oxford, il entreprend en 1859 un voyage d'études de cinq mois sur le continent, qui débouche, deux ans plus tard, sur un rapport de mission publié sous le titre *The Popular Education of France*.

Ce rapport est un plaidoyer pour que la puissance publique instaure un système national d'éducation, obligatoire, universel et non affidé à des groupes religieux. En donnant en exemple l'expérience française, Arnold cherche à prouver la nécessaire alliance entre un « État rationnel et actif » et les institutions démocratiques. Contre les économistes libéraux, dont Stuart Mill, qui mettent en avant le risque d'une emprise du Léviathan étatique sur la formation des consciences, il soutient que les écoles publiques sont les seules à pouvoir donner la « meilleure culture de la nation », celle qui enseigne la grandeur d'âme et la noblesse de l'esprit. En l'absence d'une telle politique, l'Angleterre risquerait, prévient-il, de « s'américaniser », de se priver d'une « intelligence générale », selon l'expression d'Ernest Renan. Elle ferait l'impasse sur les « choses de l'esprit », la « culture » et la « totalité », et laisserait ainsi le champ libre à la religion sectaire du puritanisme. En un mot, elle permettrait que la « mentalité mécanisée » de la classe moyenne imprègne l'ensemble du corps social.

La culture pour civiliser

L'ancienne Angleterre organique qu'Arnold porte au pinacle, c'est la société élizabéthaine et sa figure majeure Shakespeare. Ce référent conforte sa foi dans le pouvoir humanisant de la haute littérature à instiller l'« esprit de société » (Voltaire) dans les nouvelles couches sociales. Le cœur de cible de *Culture and*

Anarchy est la *middle class*, qu'il qualifie de « philistine », pour qui la « grandeur » se confond avec la « richesse ». Tout dans son comportement atteste qu'elle est mal dégrossie : son mode de vie, ses habitudes, ses manières, son ton de voix, la littérature qu'elle lit, les choses qui lui procurent du plaisir, les mots qui sortent de sa bouche, les pensées qui nourrissent les esprits. Béotienne et utilitariste, elle est incapable de se définir comme référent culturel, autocantonnée qu'elle est dans sa course à la domination commerciale. Fascinés par la « machinerie » érigée en une fin en soi, les « philistins » sont tout à la fois les ennemis de l'univers des idées et du principe de l'intervention de l'État (notamment en matière de système d'éducation). La priorité devrait être de les « cultiver », c'est-à-dire de les « helléniser ». Comme le philistinisme va de pair avec l'esprit de clocher borné, l'éducation littéraire devrait injecter dans cette classe un esprit cosmopolite, c'est-à-dire l'ouvrir aux idées et aux perspectives européennes. Car si la révolution industrielle de la fin du XVIIIe siècle a consacré son ascension sociale, celle-ci s'est préparée depuis le XVIIe. Le moment où précisément s'est amorcé le divorce de l'Angleterre avec le *mainstream* de la vie culturelle du continent, en même temps que la crise de son espace littéraire.

Par les valeurs culturelles et les normes esthétiques et intellectuelles qu'elles véhiculent, les grandes œuvres artistiques et littéraires sont les « enfants de la lumière ». « Les hommes de culture sont les vrais apôtres de l'égalité. Les grands hommes de culture sont ceux qui ont la passion pour la diffusion, pour faire prévaloir, pour propager d'un bout à l'autre de la société le meilleur savoir, les meilleures idées de notre temps ; qui ont travaillé pour ôter à ce savoir tout ce qui était âpre, fruste, difficile, abstrait, professionnel, exclusif ; pour l'humaniser, pour le rendre efficace en dehors de la clique des gens cultivés et savants, tout en restant le *meilleur* savoir et la meilleure pensée du temps, et une source véritable, dès lors, d'adoucissement et de lumière » [Arnold, 1993, p. 79]. Adoucir les mœurs, c'est ce que suggère le titre du chapitre central de *Culture and Anarchy* : « Sweetness and Light », ces critères de la civilisation et de la beauté parfaite qu'ont légués les Grecs et l'hellénisme. « La culture, qui est l'étude de la perfection, nous conduit à concevoir la véritable perfection humaine comme une perfection *harmonieuse*, développant tous les côtés de notre humanité ; et comme une perfection *générale*, développant toutes les parties de la société » [*ibid.*, p. 192].

Pacifier et intégrer. Ce message vise la classe ouvrière ou « populace ». L'historien Jules Michelet, qu'Arnold rencontra au cours de son séjour en France, lui disait que le « peuple français était une nation de barbares civilisés par la conscription en masse ». « Nos masses, commente Arnold, sont tout aussi frustes et sans culture que ne l'étaient les masses françaises » [*ibid.*, p. 84]. En l'absence de conscription obligatoire en Angleterre, c'est l'école qui devrait leur servir d'apprentissage de la discipline et du sens de l'« esprit public ». Comme le note ironiquement Terry Eagleton, théoricien des études littéraires et culturelles, « si les masses ne prennent pas sur la tête quelques romans, elles risquent de nous lancer quelques pavés » [Eagleton, 1994, p. 24]. Fait significatif, c'est d'abord dans les écoles techniques, dans les collèges professionnels et dans les cours d'éducation permanente pour adultes dispensés par les universités que les programmes d'enseignement de cette littérature humanisante amorceront leur institutionnalisation, à la fin du XIXe siècle. Ignorée par les hauts lieux de l'élite académique d'Oxford et de Cambridge, qui lui préfèrent la philologie classique, l'étude de la littérature anglaise fait donc son entrée par la petite porte.

La politique de l'anglitude

Avant la métropole, il y eut toutefois le banc d'essai colonial. Dès 1813, les études littéraires anglaises structurent une stratégie de *containment* des colonisés dans une partie de l'empire, l'Inde en particulier. À travers elles se construit et se propage la représentation d'un type idéal d'Anglais, un exemple moral, contrepoint de l'image négative que les autochtones pouvaient avoir de l'occupant en observant en direct ses faits et gestes. La politique de l'« anglitude » (*Englishness*) prend alors le pas sur la politique de l'« orientalisme », cette stratégie d'intégration fondée sur la prise en compte d'éléments de la « culture indienne » que l'administration coloniale avait inventée vers la fin du XVIIIe siècle pour faciliter l'indigénisation de ses cadres [Viswanathan, 1990]. L'antécédent de ce laboratoire pédagogique fait dire à un historien des *Cultural Studies* que c'est la « métaphore coloniale » qui exprime le mieux la « colonisation intérieure » des classes populaires de la métropole par les *English Studies*, tant sera prégnant, un siècle plus tard, le vocabulaire missionnaire et civilisateur lors de leur réimportation [Steele, 1997].

Morris : une esthétique pour une nouvelle société possible

William Morris (1834-1896) fait le lien entre l'humanisme romantique et la cause de la classe ouvrière, qu'il épouse au début des années 1880, en devenant cofondateur de la Socialist League, aile gauche du socialisme britannique, et rédacteur en chef de son hebdomadaire *Commonweal*. Morris est architecte et artiste. Dans sa jeunesse, il a été lié à la « Pre-Raphaelite Brotherhood », petit cercle de jeunes artistes peintres en révolte contre l'art académique. Il a par la suite fondé une firme de décoration dont les travaux annoncent le « modern style ». Il a créé une maison d'édition et s'est intéressé aux arts typographiques. Il ne cesse de dénoncer la « civilisation moderne » et l'« esclavage de la division du travail ». « Réfléchissez bien à tout cela », lance-t-il à son auditoire dans un quartier populaire de Manchester lors d'une conférence prononcée en novembre 1894 sur l'« âge de l'ersatz » (*makeshift*), « tant que la maison d'un ouvrier sera laide, il sera vain de vouloir de beaux tableaux » [Morris, 1996, p. 132]. Peu après sa conversion socialiste, il publie un récit utopique, qui paraît d'abord en feuilleton en 1884 et, six ans plus tard, en livre sous le titre *News from Nowhere* (1891). Il décrit une société qui a résolu la contradiction entre la ville et la campagne. La métropole tentaculaire londonienne a fait place à un mode d'implantation dispersé en une mutiplicité de points. L'art et la beauté sont au pouvoir.

Morris considère l'architecture comme la « mère de tous les arts et d'autre part comme l'art qui les contient tous » [Morris, 1996, p. 96]. La révolte romantique prend pour lui les formes d'une révolte contre les arts visuels et architecturaux malmenés par le chaos industriel. Il s'inscrit dans la lignée de Augustus W. N. Pugin

Les éditeurs, quant à eux, n'ont pas attendu l'entrée des *English Studies* dans les salles de cours pour s'aventurer sur le marché de la « nationalisation de la littérature ». Dans la seconde moitié du XIXe siècle, des anthologies à l'usage du grand public, comme *English Men of Letters*, s'en sont chargées, épaulées en cela par l'*Oxford English Dictionary* qui a mis son point d'honneur à célébrer le « genius of the English language » [Collini, 1991].

De ces débats caractéristiques du XIXe siècle anglais on retiendra trois repères. Le premier a trait à la centralité d'une réflexion relative à l'impact de la révolution industrielle sur la culture nationale, aux menaces qu'elle ferait peser tant sur la cohésion sociale que sur la préservation d'une vie intellectuelle et de créations non asservies au froid calcul utilitariste que Dickens symbolise dans le Gradgrind des *Temps difficiles*. Le deuxième a trait à la responsabilité que, par-delà leurs

(1812-1852), un des premiers à mettre en cause le déclin de l'ancienne unité organique de la cité. Dans un livre intitulé *Contrasts* (1836), véritable manifeste en faveur d'un retour à l'architecture gothique, cet architecte (il a notamment participé à la conception de l'abbaye de Westminster) avait comparé une ville catholique au Moyen Âge et la même en 1840.

Les édifices religieux contrastaient avec l'usine à gaz, l'asile de fous, la prison et le hall de l'exposition scientifique. La pensée fluctuante et contradictoire du théoricien de l'art John Ruskin (1818-1900) a aussi été déterminante dans la formation de la conception artistique de Morris.

L'ancienne nostalgie gothique de Morris change toutefois de sens avec sa prise de conscience politique à la lecture des œuvres de Marx et d'Engels. Pendant quinze ans, son parcours politique et théorique s'insère dans une réflexion sur l'éthique et l'esthétique d'une « société communiste ». Londres est alors un foyer de pensée socialiste hétérodoxe. La période de militance active de Morris est, en effet, contemporaine de l'émergence d'un noyau de réflexion cosmopolite, réuni autour du géographe anarchiste russe Piotr Kropotkine (1842-1921), exilé à Londres, sur le « post-industrialisme » et le rôle des nouvelles techniques électriques de production et de communication dans la construction d'une société déconcentrée et décentralisée [Mattelart, 1999].

Aux yeux des pionniers des *Cultural Studies*, la vision poétique de Morris constitue un moment décisif dans la construction d'une pensée critique en rupture avec l'économisme qui marque l'histoire conflictuelle du mouvement ouvrier. Pour Raymond Williams, qui lui consacre un chapitre entier dans sa généalogie *Culture and Society* [1958], son mérite est d'avoir comblé le fossé entre vision poétique et pratique politique. Quant à Edward W. Thompson, auteur d'une volumineuse biographie [1955] de Morris, il le considère comme « le plus grand diagnosticien de l'aliénation qu'ait produit une longue tradition culturelle particulière à l'Angleterre ».

contradictions, les auteurs évoqués ici attribuent aux intellectuels, producteurs ou diffuseurs culturels comme éveilleurs et éducateurs, vestales d'une culture nationale. Un troisième repère concerne les contradictions de cette référence au culturel et à ses enjeux de pouvoir. Même chez les plus conservateurs s'observe une forme de sensibilité moderne, anthropologique, au culturel, qui intègre les styles de vie, l'esthétique de la quotidienneté. Simultanément les humanités, et spécifiquement la littérature nationale, apparaissent comme les outils privilégiés de civilisation et de compréhension du monde, tandis que les sciences, l'économie, la sociologie naissante sont regardées avec suspicion [Lepennies, 1985]. Ces tropismes intellectuels se perpétueront au-delà du siècle.

La consécration académique des *English Studies*

Leavis, ou la souveraineté du texte

L'intronisation des études anglaises dans le cursus normal des universités ne s'opère réellement que dans l'entre-deux-guerres. L'expérience accumulée dans la formation d'adultes est mise à contribution. Faut-il une pédagogie centrée exclusivement sur l'analyse des textes de la littérature anglaise ? Doit-on plutôt chercher à soustraire l'enseignement littéraire à l'isolement textuel et à le reconnecter avec les réalités sociales ? Tels sont les termes dans lesquels se posent les enjeux intellectuels et politiques sous-jacents à la définition des programmes et des publics. Le courant qui l'emporte sur la scène académique opte pour la première formule. Ce choix est conforme au rapport gouvernemental, rédigé en 1921 par sir Henry Newbolt, intitulé *The Teaching in English in England*, qui a endossé les grandes lignes de la pensée de Matthew Arnold sur l'« homme de culture ». En 1935, *Culture and Anarchy*, dont la circulation était restée jusque-là circonscrite aux milieux informés, aura même droit à une édition grand public sous le sceau de l'université de Cambridge. Un des disciples d'Arnold fait alors école : Frank Raymond Leavis (1895-1978), fils d'un marchand d'instruments de musique, représentant à ce titre de la petite bourgeoisie accédant pour la première fois au saint des saints de l'aristocratie universitaire d'Oxbridge. Son livre *Culture and Environment*, publié en 1932 en collaboration avec Denys Thompson, devient la bible de la nouvelle discipline. La « lecture méthodique » des « textes véritablement anglais » est l'antidote esthético-moral à la contamination de la langue ordinaire par la société mercantile.

Scrutiny *et le rapport à la « culture de masse »*

Le contexte politique favorise l'apparition d'un projet culturel messianique. Le choc de la Première Guerre mondiale met à l'ordre du jour la nécessité d'un *cultural revival* de la nation anglaise. Cette restauration culturelle apparaît d'autant plus urgente à certains secteurs de l'intellectualité que rôde le spectre de la révolution bolchevique. La « crise de l'esprit » (Valéry), l'ébranlement des valeurs de la haute culture héritées des Lumières et l'irruption d'une culture de masse produite industriellement, tous phénomènes ressentis par l'Europe d'après guerre, acquièrent un résonance particulière dans une Angleterre en passe de céder aux États-Unis la place de pivot de l'économie-monde qu'elle occupait depuis les débuts de la révolution industrielle.

En 1932, Leavis fonde la revue *Scrutiny*. Cet organe du mouvement leavisien devient la tribune d'une croisade morale et culturelle contre l'« abrutissement » pratiqué par les médias et la publicité. Pour enrayer la « dégénérescence de la culture », *Scrutiny* épouse la « solution idéaliste » car elle répugne à envisager une solution politique. Comme le note Terry Eagleton, « utiliser vos leçons de littérature anglaise pour avertir les élèves de la force de manipulation de la publicité ou de la pauvreté linguistique de la presse populaire est certainement une tâche importante, bien plus importante que de les forcer à mémoriser *La Charge de la brigade légère*... Mais il est aussi possible d'expliquer aux enfants que la publicité et la presse populaire n'existent sous leurs formes présentes que pour des raisons de profit. La culture de "masse" n'est pas le produit inévitable de la société "industrielle", elle est le fruit d'une forme particulière d'industrialisme qui organise la production pour le profit » [Eagleton, 1994, p. 34].

Afin de renouer avec la « société organique », l'équipe de *Scrutiny* propose de mettre l'enseignement et l'opinion au régime de la « Grande Tradition » de la fiction anglaise. Cette représentation de l'anglitude commande un choix sélectif des auteurs censés incarner cette « Grande Tradition » ainsi qu'un découpage de leur œuvre. On retient, par exemple, D. H. Lawrence pour sa critique de l'inhumanité du capitalisme anglais mais on oblitère ses options d'extrême droite sur l'organisation de la démocratie. Apparaît ainsi au grand jour un dilemme qui n'a cessé depuis Carlyle de peser sur la définition du « classique national » et l'établissement des conditions d'entrée dans le panthéon de l'espace littéraire de la nation. La publication de *Scrutiny* s'est arrêtée en 1953, soit un quart de siècle avant la disparition de Leavis. L'humanisme libéral de ce défenseur de la grande littérature comme porteuse de la « santé morale » a tombé le masque. Il a glissé vers le refus obsessionnel de la société technique, condamnée comme « crétine et crétinisante », et rejoint les positions de la réaction politique : « Une grande hostilité envers l'éducation populaire, une opposition implacable à la radio-transistor et une profonde méfiance pour l'ouverture de l'enseignement supérieur à des étudiants abrutis par la télévision » [Eagleton, 1994, p. 42-43].

Au-delà des dérives élitistes et nationalitaires de l'idéologie leavisienne de l'anglitude, une des réalisations les plus durables des *English Studies* de l'entre-deux-guerres est leur approche de la critique des textes littéraires. C'est là un des maillons qui permettent de tracer une continuité théorique avec les *Cultural Studies*.

Entre la masse et la classe, quel public choisir ?

La prédominance académique du courant leavisien ne doit toutefois pas estomper le débat qui se noue dans la presse des formateurs qui œuvrent à la formation des adultes de milieux populaires (*Highways*, *Tutor's Bulletin*) sur les visions contradictoires de la pédagogie à adopter [Steele, 1997]. Y participent des auteurs comme George Orwell, Harold Laski ou Herbert Read. Qui de la « masse » ou de la « classe » privilégier dans le choix du profil des enseignements ? La première option a la faveur des partisans d'une modernisation de l'éducation populaire liée davantage au style universitaire et centrée sur les arts et les lettres. L'autre ligne, plus arrimée aux réalités régionales, valorise les traditions puritaines du mouvement ouvrier et milite pour une approche sociologique dans son sens large, prenant appui sur l'économie, la philosophie et la politique et cherchant à mobiliser les personnes les plus avancées de la classe ouvrière, à former ses cadres. Le thème d'une démocratie de travailleurs contre une aristocratie de lettrés est récurrent dans le débat. Les partisans des lettres reprochant à la vision sociologique de rester aveugle aux formes mêmes des messages et de la culture.

Par-delà leurs contradictions, Carlyle, Arnold et Leavis partagent une interrogation sur le rôle de la culture comme outil d'une reconstitution d'une communauté, la nation, face aux forces dissolvantes du développement capitaliste. Les *Cultural Studies* participent de ce questionnement, mais, à la suite de Morris, y substituent de façon décisive une approche par les classes populaires.

Aux origines des *Cultural Studies* : les pères fondateurs

Hoggart : le quotidien de la working class

L'étape de cristallisation que constitue la reconnaissance institutionnelle des *Cultural Studies* dans les années 1960 serait

Pandaemonium : l'imaginaire technique

Si le choc de la Première Guerre mondiale suscite en Grande-Bretagne une mobilisation pour la « restauration culturelle » dans les milieux de l'intellectualité conservatrice, elle a aussi pour effet d'ouvrir l'éventail des théories et des pratiques culturelles dans les secteurs critiques. Ainsi surgit dans les années 1930 le mouvement du film documentaire associé au projet anthropologique, baptisé *Mass Observation*, de cartographie, à travers les mots et les images, du *popular feeling* dans la vie quotidienne.

Le bilan de ces initiatives ancrées dans une tradition romantique revisitée est certes loin de faire l'unanimité parmi les historiens britanniques de la culture et du film [Pickering et Chaney, 1986]. Restent les questions qu'elles n'ont pas manqué de soulever sur les façons de conceptualiser la culture populaire, le tissage intime de l'imaginaire et du « monde réel » ainsi que les méthodes d'observation ethnologique employées. Reste aussi le travail magistral d'une des figures majeures de ce mouvement, marquée par le surréalisme, Humphrey Jennings (1907-1950), auteur de *Pandaemonium*, un ouvrage qui, à partir de textes les plus variés, lettres, ouvrages, articles de revues ou journaux, construit l'histoire imaginaire de la Révolution industrielle entre 1660 et 1886, ou, comme l'indique le sous-titre, « l'arrivée de la machine vue par les observateurs contemporains ». « Pour Jennings, comme pour Morris, les leçons de l'histoire n'inspirent ni nostalgie ni réaction (à la différence de nombreux tenants de la tradition "Culture and Society"), mais la conscience du "pouvoir qui vient" et des possibilités de créativité et d'innovation politique et imaginaire » [Robins et Webster, 1987, p. 40]. L'entreprise de Jennings est pratiquement contemporaine du projet inachevé de Walter Benjamin d'une philosophie matérielle de l'histoire du XIXe siècle, dont le « Livre des passages ; Paris, capitale du XIXe siècle » recueillera les fragments.

L'arrivée de nombreux intellectuels émigrés fuyant le nazisme, tels Karl Mannheim, Karl Polanyi, Arnold Hauser, Norbert Elias, contribuera à asseoir une vision positive des sciences sociales et aura une profonde incidence sur la formation d'une « sociologie de la culture » et d'une « science de la société ».

---

inintelligible sans prendre en compte un travail de maturation qui s'amorce près de dix ans auparavant et peut être symbolisé par les figures des trois pères fondateurs, qui, à l'instar des mousquetaires de Dumas, sont en réalité quatre.

En 1957, Richard Hoggart a fait paraître un livre que les chercheurs des *Cultural Studies* reconnaîtront comme fondateur de leur champ d'études : *The Uses of Literacy : Aspects of Working-Class Life with Special References to Publications and Entertainments*, traduit en français sous le titre réducteur de *La Culture du pauvre*. L'auteur étudie l'influence de la culture diffusée dans la classe ouvrière par les moyens modernes de communication. Après avoir décrit avec beaucoup de finesse

Richard Hoggart (1918-)

Toute esquisse biographique sur Hoggart ne peut que renvoyer à *La Culture du pauvre* qui est une description de l'univers ouvrier dans lequel se développe son enfance. À l'issue de la Seconde Guerre mondiale, où il est mobilisé et participe à la campagne d'Italie, Hoggart intègre le monde de l'enseignement par un circuit qui, comme pour Williams ou Thompson, ne doit rien à Oxford et Cambridge. Il enseigne d'abord dans le département *extra-mural* de l'université de Hull, travaille pendant cinq ans au sein des structures de formation pour adultes en milieu ouvrier (WEA). Fortement influencé par Leavis et la revue *Scrutiny*, il s'en éloigne cependant, en particulier sous l'influence intellectuelle d'Orwell, pour s'attacher de façon plus compréhensive, sans condescendance, aux cultures populaires. La traduction de *La Culture du pauvre* et d'une autobiographie intellectuelle (*33, Newport Street*), les travaux de J.-C. Passeron [1999] ont contribué à faire de Hoggart l'auteur des *Cultural Studies* le plus connu en France. Sa production scientifique est cependant plus riche, à travers de nombreux articles sur les cultures populaires et leurs évolutions, l'éducation en Grande-Bretagne (*Speaking to Each Other*, 1970 ; *Life and Time*, 1988 et 1990).

Parmi les *founding fathers*, Hoggart est le seul qui n'ait noué aucun commerce intellectuel privilégié avec le marxisme théorique ou politique. Ses engagements politiques sont plus discrets, plus « libéraux » que ceux des autres figures des *Cultural Studies*. Il témoigne en 1960 du côté de la défense contre le ministère public dans un procès en obscénité visant à interdire *L'Amant de Lady Chatterley*. Il participe de 1960 à 1962 à la commission Pilkington qui contribuera à la défense de l'audiovisuel public en Grande-Bretagne. Intellectuellement, Hoggart se revendique d'une filiation humaniste, d'une inscription intellectuelle dans une tradition d'études de la littérature et de la civilisation, dont il contribue à redéfinir les objets et les méthodes en récusant les *a priori* élitistes de la tradition universitaire. Il a toujours protesté de sa non-appartenance au monde des sociologues, mais, comme le suggère J.-C. Passeron, on se gardera d'en conclure qu'il n'a pu produire de bons ouvrages sociologiques.

Fondateur du Centre for Contemporary Cultural Studies de Birmingham, il le quitte au début des années 1970 pour occuper pendant cinq ans les fonctions d'assistant du directeur général de l'Unesco à Paris. À son retour il occupe un poste au Goldsmith College de Londres et apparaît comme assez en retrait, déconnecté des évolutions politico-intellectuelles prises par les *Cultural Studies* dans les années 1980.

---

ethnographique le paysage quotidien de la vie populaire, ce professeur de littérature anglaise analyse comment les publications destinées à ce public s'intègrent à ce contexte. L'idée centrale qu'il développe, c'est que l'on a tendance à surestimer l'influence de ces produits de l'industrie culturelle sur les classes populaires. « Il ne faut jamais oublier, écrit-il au terme de sa recherche, que ces influences culturelles n'ont qu'une action fort lente sur la transformation des attitudes et qu'elles sont souvent neutralisées par des forces plus anciennes. Les gens du peuple ne mènent pas une vie aussi pauvre qu'une lecture, même approfondie, de leur littérature le donnerait à penser. Il n'est pas aisé de démontrer rigoureusement une telle affirmation, mais un contact continu avec la vie des classes populaires suffit à en faire prendre conscience. Même si les formes modernes du loisir encouragent parmi les gens du peuple des attitudes que l'on est en droit de juger néfastes, il est certain que des pans entiers de la vie quotidienne restent à l'abri de ces changements » [Hoggart, 1970, p. 378].

L'attention aux récepteurs que manifestent les analyses de Hoggart n'empêche pas que ses hypothèses restent profondément marquées par la défiance à l'égard de l'industrialisation de la culture. L'idée même de résistance des classes populaires qui sous-tend son approche de leurs pratiques culturelles est ancrée dans cette croyance. Les jugements de valeur dont il prévient son lecteur se reflètent à travers l'emploi de termes antinomiques tels ceux de « sain », « décent », « sérieux » et « positif » d'une part, « creux », « débilitant », « trivial » et « négatif » d'autre part.

Williams et Thompson : une histoire matérielle de la culture

L'idée de résistance à l'ordre culturel industriel est consubstantielle à la multiplicité des objets de recherche qui vont caractériser les domaines explorés par les *Cultural Studies* pendant plus de deux décennies. Elle renvoie à la conviction qu'il est impossible d'abstraire la « culture » des rapports de pouvoir et des stratégies de changement social. Cet axiome partagé explique d'ailleurs l'influence exercée sur le mouvement par les travaux d'inspiration marxienne de deux autres *founding fathers* britanniques en rupture de ban avec les théories mécanistes : Raymond Williams (1921-1988) et Edward P. Thompson (1924-1993), tous deux liés à la formation d'adultes des classes populaires et en contact étroit avec la *New Left*, dont l'émergence dans les années 1960 signifie une renaissance des analyses marxiennes.

Thompson est un des fondateurs de la *New Left Review*. Avec Williams il partage surtout le même désir de dépasser les analyses qui ont fait de la culture une variable assujettie à l'économique et, tout en légitimant le stalinisme, ont ajourné *sine die* la pensée sur les formes culturelles. Comme l'affirmait Thompson en 1976, « ma préoccupation principale tout au long de mon œuvre a été d'aborder ce que je considère être chez Marx un vrai silence. Un silence dans le domaine de ce que les anthropologues appellent "le système de valeurs" [...]. Un silence par rapport aux médiations de type culturel et moral ». Le travail de Thompson peut se décrire comme le parti pris d'une histoire centrée sur la vie et les pratiques de résistance des classes populaires. Son ouvrage le plus connu est *The Making of the English Working Class* [1963], classique de l'histoire sociale et réflexion sur la sociohistoire d'un groupe social.

Cinq ans auparavant, Raymond Willams avait fait paraître *Culture and Society* [1958], une généalogie du concept de culture dans la société industrielle depuis les romantiques jusqu'à Orwell. Défilent ainsi des auteurs aussi divers que Stuart Mill, Carlyle, Newman, Arnold (personnage central), Ruskin, Morris, D. H. Lawrence, T. S. Eliot et Leavis. En explorant l'inconscient culturel porté par les termes de « culture », « masses », « foules » et « art », il fait reposer l'histoire des idées sur une histoire du travail social de production idéologique. Les notions, les pratiques et formes culturelles cristallisent des visions et des attitudes qui expriment des régimes, des systèmes de perception et de sensibilité (*structures of feeling*, concept élaboré en dialogue avec les travaux du sociologue de la littérature Lucien Goldmann). Cette première œuvre ébauche une problématique qui va se déployer dans *The Long Revolution* [1961] qui souligne le rôle des systèmes d'éducation et de communication (presse, standardisation de la langue) et des processus d'alphabétisation dans la dynamique de changement social et contribue à esquisser un programme de réformes démocratique des institutions culturelles.

Tant chez Williams que chez Thompson se retrouve la vision d'une histoire construite à partir des luttes sociales et de l'interaction entre culture et économie où la notion de résistance à un ordre marqué par le « capitalisme comme système » apparaît centrale. L'époque est alors encore dominée, chez les intellectuels de gauche, par le débat sur l'antinomie sommaire qui oppose la « base matérielle » de l'économie à la culture, faisant de cette dernière un simple reflet de la première. Sortir de ce dilemme impossible et réducteur est l'un des défis auxquels vont devoir se confronter les *Cultural Studies*. Cet effort de dépassement débouche sur la redécouverte des formes spécifiques qu'ont prises le mouvement social et la pensée socialiste en Grande-Bretagne. De là la relecture que fait Thompson des écrits de William Morris en qui il voit un des premiers critiques d'un déterminisme borné qui a conduit à l'appauvrissement de la sensibilité, à la primauté de catégories qui nient l'existence effective (dans l'histoire et au présent) d'une conscience morale, l'exclusion de toute une zone de passion imaginaire. Cette même idée-force accompagne Williams dans son travail de chroniqueur culturel au *Guardian* comme dans l'intérêt croissant qu'il a porté aux médias, dans leur enracinement historique. Dès 1962, dans son ouvrage *Communications*, il prenait parti dans le débat politique en formulant des propositions pour un contrôle démocratique des médias dans le cadre d'un programme socialiste, sortant d'une vision purement instrumentale des médias comme moyens d'influence et d'agit-prop.

Le trio des pères fondateurs se complétera d'un quatrième homme : Stuart Hall. Si celui-ci n'est que de huit ans plus jeune que Thompson, il appartient cependant à une autre génération, qui n'a pas participé directement à la Seconde Guerre mondiale. Cheville ouvrière des revues de la nouvelle gauche intellectuelle, Hall exprime aussi cette distance générationnelle par le fait que sa production scientifique n'arrive à maturité qu'au seuil des années 1970.

L'ancrage social d'une entreprise politico-intellectuelle

Pas plus que d'autres innovations intellectuelles, les *Cultural Studies* ne doivent s'expliquer seulement par l'action de quelques personnalités. Au-delà de leur contribution théorique, les *founding fathers* sont aussi les constructeurs de réseaux qui rendent possible la consolidation de nouvelles problématiques, comme les incarnations de dynamiques sociales qui affectent de vastes fractions des générations nées entre la fin des années 1930 et le milieu des années 1950. Le contexte politique des années 1950 d'abord doit être rappelé. 1956 est à la fois l'année de Budapest et celle de Suez, celle d'une désillusion majeure sur le modèle communiste — Thompson quitte alors le parti communiste — et d'une agression qui relance la mobilisation anti-impérialiste chez les intellectuels anglais. Comme le rappelle Ioan Davies [1995], le vocabulaire politique britannique forge alors la notion de *Butstkellism*, contraction des noms de Butler le tory de gauche et de Gaitskell le travailliste centriste. La perte d'attraction du travaillisme et du communisme, le potentiel mobilisateur des luttes anticoloniales, la défiance devant les promesses d'un consensus social miraculeusement advenu grâce à l'abondance vont susciter un ensemble de mouvements de réaction dans les milieux intellectuels. Dans un contexte de développement de l'emploi tertiaire, des jeunes des classes moyennes ou populaires trouvent dans le système scolaire un tremplin pour une mobilité sociale ascendante jusque-là peu accessible.

Ce relatif dégel des structures sociales, qui s'observe sous des formes différentes dans nombre des pays d'Europe au cœur des « trente glorieuses », va stimuler une floraison critique dans les domaines des arts, de la politique, de la vie intellectuelle. Le monde littéraire britannique des années 1950 est en particulier marqué par l'irruption des « jeunes hommes en colère » (*Angry Young Men*) avec les auteurs de théâtre John Osborne et Arnold Wesker, les écrivains Alan Sillitoe et Kingsley Amis, dont le livre à succès *Lucky Jim* (1954) met en scène un nouveau venu, déphasé dans le monde universitaire. Leurs œuvres et leurs personnages expriment une rébellion contre ce qu'ils perçoivent comme le poids des traditions et des hiérarchies sociales, les routines hypocrites de leur société. Ils suggèrent aussi une forme de malaise, de frustration devant l'expérience d'une mobilité sociale ascendante. On notera aussi, particulièrement dans les recueils de nouvelles de Sillitoe, que ce courant, qui se décompose dans les années 1960, introduit dans la littérature une peinture réaliste du quotidien des milieux populaires. En politique, c'est le bouillonnement de la *New Left* qui reflète ces changements, les articule par des revues faisant fonction de ponts avec des espaces de recherche hétérodoxe dans le monde universitaire [Kenny, 1995].

Il y a là un des ressorts du décollage et de l'impact des *Cultural Studies*. Faire des cultures populaires ou des styles de vie des nouvelles classes des objets dignes d'un investissement savant peut aussi se lire dans sa dimension d'accompagnement d'une mobilité sociale inconfortable pour de nouvelles générations intellectuelles, aussi comme point d'honneur à continuer la lutte politique sur le terrain académique. À propos de la mouvance *New Left*, Hall observe : « Cela a émergé à cette période précise des années 1960 où se développait une évolution majeure dans la formation des classes. Il y avait un tas de gens en transition entre les classes traditionnelles. Il y avait des gens avec des origines populaires, scolarisés pour la première fois dans des collèges ou des *art schools*, qui accédaient à des postes de cadres, devenaient professeurs et ainsi de suite. La *New Left* était au contact de gens qui faisaient mouvement entre les classes. Un tas de nos clubs se trouvaient dans des villes nouvelles où les gens avaient des parents qui pouvaient avoir été des travailleurs manuels, mais eux-mêmes avaient eu une meilleure éducation, avaient été à l'université, et revenaient comme enseignants » [*in* Morley et Kuan-Hsing Chen, 1996, p. 494]. Ce n'est pas là une reconstruction rétrospective puisque, dès 1958, Hall publiait son premier texte : « Un sens de l'absence d'appartenance de classe » (*classlessness*).

Marginalités et solidarités

Sur le terrain académique, deux formes de marginalité marquent les figures fondatrices des *Cultural Studies*. Il s'agit pour Williams et Hoggart — mais aussi Hall — d'une origine populaire qui en fait des personnages à contre-emploi dans le monde universitaire britannique. Chez Hall et Thompson intervient une dimension cosmopolite, une expérience de la diversité des cultures (présente aussi dans le cursus de Benedict et Perry Anderson, autres figures de la *New Left*), qui, pour être moins exceptionnelle au temps de l'Empire britannique, marque cependant un profil spécifique d'intellectuels, suscite une forme de sensibilité aux différences culturelles. Ces trajectoires sociales atypiques ou improbables se heurtent à la dimension socialement très fermée du système universitaire britannique et condamnent dès lors les intrus au « choix » d'insertions externes (la formation pour adultes en milieu ouvrier) à ce système ou situées sur sa périphérie. Les fondateurs se voient fréquemment affectés dans des établissements petits ou récents (Warwick), des institutions établies aux marges des universités (à Birmingham), les composantes « extraterritoriales » du monde universitaire (*extra-mural departments*, *Open University*, un équivalent très amélioré du Centre national d'enseignement à distance en France).

Cette dynamique centrifuge aurait pu constituer un handicap dans la consolidation d'un pôle *Cultural Studies*. Mais une autre propriété atypique des *founding fathers*, leur engagement majoritaire au-delà de la gauche travailliste, va constituer une ressource pour éviter leur complète marginalisation. Ce que ne peut permettre l'inaccessibilité d'Oxford et de Cambridge, les revues le permettront. Hall et le philosophe canadien Charles Taylor animent la *University and Left Review*, créée en 1956. Le couple Thompson joue un rôle clé dans le fonctionnement du *New Reasoner*, revue créée cette même année et qui exprime alors une sensibilité humaniste de gauche d'anciens ou de dissidents du

Parti communiste britannique. La fusion de ces deux titres donnera naissance en 1960 à la *New Left Review*. Trois ans plus tard, Perry Anderson et de jeunes intellectuels d'Oxford ne tarderont pas à y prendre le pouvoir, selon des modalités perçues comme putschistes par Thompson, pour orienter le titre vers un profil plus universitaire, une fonction de présentation de recherches étrangères novatrices [Davies, 1995]. Cette revue s'articule elle-même sur une quarantaine de *New Left clubs* où Hall et Davies jouent un rôle important. Elle contribue à structurer un réseau de connexions entre les militants de la Nouvelle gauche, les institutions d'éducation populaire. Au sein même du monde universitaire, les chercheurs mobilisés sur des objets peu reconnus, choisis en relation à leurs engagements politiques, parviennent également à constituer des réseaux d'échanges intellectuels. Tel sera le rôle de la revue *Past and Present*, de l'*History workshop* chez les historiens sociaux [Brantlinger, 1990]. Ces derniers valorisent en particulier la dimension de l'oralité, du legs des cultures non écrites dans le travail d'historien, rejoignant en cela une part des orientations des *Cultural Studies* à l'égard des cultures populaires.

Les hérétiques et marginaux de la fin des années 1950 ont su à la fois prendre appui sur le terrain politique pour se donner des moyens de coordination et se doter de solides réseaux d'alliés en jouant de leur position charnière entre champ politique et académique, en créant une revue qui contribue à diffuser un nouveau corpus d'auteurs et d'objets d'études. Sans oublier le poids de personnalités du monde culturel, comme Doris Lessing, qui gravitent dans les milieux fréquentés par les *founding fathers*. L'occupation des périphéries universitaires révélera une certaine rentabilité lorsque, au fil des années 1970, le développement du système universitaire britannique se réalisera par ses « banlieues », la préservation des sanctuaires académiques contre la démocratisation se réalisant à coups de création de *polytechnics*, par la mise en place en 1970 de l'*Open University*. Ce double réseau politique et universitaire se traduira encore dans les années 1970 à travers l'émergence d'éditeurs de gauche (Harvester, Pluto, Merlin, Comedia) ou féministes (Virago).

II / Les années Birmingham (1964-1980) : le printemps des *Cultural Studies*

C'est à l'université de Birmingham que naît en 1964 le Centre for Contemporary Cultural Studies (CCCS). L'histoire du centre ne fut jamais exempte de tensions et de débats [Grossberg *in* Blundell, 1993]. Et tout ce qui fut publié dans ses *working papers* ne mérite pas de passer à la postérité. Momifier quinze ans en une dizaine de patronymes et de livres à canoniser serait oublier le désordre, la passion et l'effervescence créatrice qui sont le propre des « états naissants ». Une part de l'intelligence entrepreneuriale des directeurs successifs du centre fut de savoir faire se confronter à des chantiers partagés des chercheurs aux préoccupations et références hétérogènes. Du marxisme althussérien à la sémiologie, les membres du centre ont partagé une commune attraction pour ce que l'*establishment* universitaire tenait alors au mieux pour un pittoresque avant-gardisme, au pire pour « l'opium des intellectuels ». Cette attention au renouvellement des outils d'une pensée critique n'a jamais viré à l'orthodoxie. Le centre fut un bouillon de culture d'importations théoriques, de bricolages novateurs sur des objets jugés jusque-là indignes du travail académique. Souvent prétentieuse, la notion de laboratoire prend toute sa pertinence au CCCS. Une combinaison rare d'engagement social et politique et d'ambition intellectuelle a produit pendant plus de quinze ans une masse impressionnante de travaux.

Le CCCS

La mise en place du CCCS se fera lentement. Exprimé par Hoggart dans une conférence de 1964, le projet du centre est clair. Il se réclame explicitement de l'héritage de Leavis. Il veut utiliser les méthodes et outils de la critique textuelle et littéraire en en déplaçant l'application des œuvres classiques et légitimes vers les produits de la culture de masse, l'univers des pratiques culturelles populaires. Mais, même rattaché à une université, le centre reste marqué au départ par la marginalité institutionnelle vécue par la génération des pères fondateurs. Les moyens financiers de l'équipe sont si limités que Hoggart doit solliciter le mécénat de la maison d'édition Penguin pour quelques investissements et l'embauche de Stuart Hall qui lui succédera en 1968.

Le défi est aussi de se faire accepter des composantes proches de l'université. Les sociologues se méfient de ces nouveaux venus qui braconnent sur leur territoire. Les spécialistes d'études littéraires ne sont pas moins défiants à l'égard d'une démarche qui leur paraît dévoyer leurs savoirs sur des objets subalternes. Le premier défi auquel se confronte Hoggart est de légitimer académiquement une filière originale dédiée à la culture, d'apprivoiser des collègues défiants. L'une de ses tactiques fut ainsi d'intégrer dans les jurys d'examen du département de *Cultural Studies* des collègues plus traditionalistes, parfois ceux réputés sévères, afin d'attester aux yeux des pairs le sérieux de la formation. Il faut donc situer au seuil des années 1970 le décollage scientifique du centre, passés les caps de sa greffe sur l'université, de la formation des premières promotions. Elles donneront le vivier de ce que l'on peut désigner, après les pères fondateurs, comme la deuxième génération des études culturelles : Charlotte Brunsdon, Phil Cohen, Cas Critcher, Simon Frith, Paul Gilroy, Dick Hebdige, Dorothy Hobson, Tony Jefferson, Andrew Lowe, Angela McRobbie, David Morley, Paul Willis, pour citer les plus connus. La visibilité scientifique croissante du CCCS doit en particulier, selon une tradition anglophone, à la circulation à partir de 1972 de *working papers* (articles ronéotés constituant une revue artisanale). Une partie de ces textes sera ensuite rassemblée en livres qui condensent le meilleur de la production de l'équipe.

Stuart Hall

Jamaïcain d'origine, Stuart Hall naît en 1932 dans une famille qu'il définit comme « middle class ». Son père est employé de la United Fruit : « Il était le premier Jamaïcain à être promu pour tous les postes qu'il a occupés. » Hall insiste sur l'importance de l'expérience du colonisé, de la réaction à la posture paternaliste des Britanniques à l'égard de sa famille dans la constitution de son identité. Il quitte la Jamaïque en 1951 pour poursuivre des études en Angleterre. À Oxford où il fait des études de lettres, il se lie tant aux militants nationalistes de nations colonisées qu'aux milieux de la gauche marxiste, sans adhérer au parti communiste.

Il prend en 1957 un poste d'enseignant dans une école secondaire de Brixton, auprès d'élèves de milieu populaire, où il développe un projet pédagogique qui cherche à prendre en compte la réalité de leurs pratiques culturelles. Il se fixe alors définitivement en Grande-Bretagne. Il commence en 1961 à enseigner les médias et le cinéma au Chelsea College de l'université de Londres. En 1964 il coécrit avec Paddy Whannel son premier livre, *The Popular Arts*, qui traite notamment du jazz. La même année, Hoggart le sollicite pour l'accompagner dans la fondation du centre de Birmingham, dont il prendra la tête. Hoggart dira : « Je ne suis pas un théoricien. Stuart Hall est un théoricien. Il est habituellement et par instinct un très subtil manieur de théories, de sorte que nous nous complétions parfaitement. »

Coordinateur de la plupart des grands travaux collectifs du centre, Hall a joué un rôle considérable d'entrepreneur scientifique et intellectuel à Birmingham. À la différence des autres pères fondateurs, Hall est moins l'auteur de quelques livres de référence que celui d'une énorme masse d'articles. Ils abordent une grande variété de sujets : de la rubrique « potins » du quotidien aux photographies de presse en passant par le mouvement punk. Mais une part significative de la production scientifique de Hall prend la forme d'un travail sur les concepts : réflexion sur la possible productivité des héritages du marxisme, débats sur les apports et les risques des emprunts théoriques au postmodernisme ou à la déconstruction.

Il n'est pas toujours facile de dissocier ses textes plus directement politiques d'une composante purement scientifique, dans la mesure où il s'est largement constitué en tant qu'intellectuel contre ce type de clivage, trouvant dans une forte capacité à saisir des évolutions politiques le point d'appui pour redéployer des thèmes de recherche, y intégrer des objets et des questionnements neufs. Stuart Hall a rejoint en 1979 l'*Open University*.

Sursollicité depuis quinze ans pour prononcer une adresse dans tout colloque important de *Cultural Studies*, Hall a pu parfois s'enfermer dans une posture de grand témoin en charge de rappeler les grands enjeux et les vrais problèmes. Si la force novatrice de ses contributions récentes s'émousse, il aura été à la fois l'entrepreneur et l'universitaire le plus soucieux de systématisation de la théorie au sein des *Cultural Studies*.

Morley et Kuan-Hsing Chen (1996) proposent une bibliographie exhaustive des travaux de Hall et un entretien biographique.

La recherche au CCCS va d'abord prendre appui sur l'acquis des travaux de Hoggart, sur la sensibilité réflexive à toutes les dimensions vécues du quotidien de la classe ouvrière qu'il avait exploré dans une forme originale et profonde d'auto-ethnographie [Passeron, 1999]. Mais l'un des traits du travail de Hoggart est de parler d'un monde qui s'érode, aborde une séquence décisive de mutations au moment même de sa description et théorisation. Dans un texte paru moins de cinq ans après la sortie de sa *Culture du pauvre*, il souligne à quel point ses descriptions peuvent devenir désuètes du fait de l'accroissement de la mobilité spatiale, d'une aisance matérielle relative mais croissante, de l'impact inédit de la voiture et de la télévision sur la sociabilité ouvrière [Hoggart, 1973].

Retour sur les sociabilités et cultures populaires

Le projet initial d'une ethnographie compréhensive de la culture des classes populaires suppose donc de multiples retours sur le terrain. Le titre original du livre fondateur de Hoggart était *The Uses of Literacy*, soit littéralement « Les usages de l'alphabétisation ». Il s'agit donc d'étudier aussi les formes nouvelles de *literacy*, de compétences scolaires et culturelles. Hoggart questionne les effets d'influence de l'équipement en téléviseurs, l'allongement de la scolarisation. Il théorise les capacités de résistance aux messages des médias, la simple force d'inertie que représente un style populaire de « consommation nonchalante » qu'il symbolise par la formule « cause toujours ». Faire retour vers le monde ouvrier, c'est se confronter à l'impact des opérations de rénovation urbaine de l'East End, à la naissance des villes nouvelles dont Phil Cohen [*in Réseaux*, 1996] montre les effets déstructurants sur la sociabilité populaire dont elle casse des lieux d'épanouissement (rue, pubs, jardins et cours) tout en perturbant l'écologie des relations de voisinage, de parenté ou de génération. Sans constituer un axe majeur des *Cultural Studies*, l'urbanisme et l'architecture, pensés comme des dispositifs organisateurs de la sociabilité et de la cristallisation d'identités collectives, entrent ainsi dans leur palette d'objets. Cette attention ne se démentira pas comme en témoignent, vingt ans plus tard, les deux textes consacrés dans *New Times* [Hall et Jacques, 1989] aux villes symboles du néolibéralisme thatchérien comme Basingstoke.

Le retour sur les formes de la sociabilité ouvrière conduit aussi à prêter attention à une dimension demeurée secondaire chez Hoggart : celle des rapports de générations, des formes d'identités et de sous-cultures spécifiques que mettent en œuvre les jeunes de milieu populaire. De multiples facteurs mettent

« Sous-cultures » et signification des styles de vie

Les « sous-cultures » jeunes — au sens de style culturel spécifique — font l'objet d'un grand nombre de monographies dès le début des années 1970. *Bikers, hippies, mods, punks, rastas, rockers, ruddies, skinheads, teddy-boys*... il n'est pas certain que ces « sous-cultures » britanniques, parfois vieilles de quarante ans, parlent toutes aux lecteurs du XXIe siècle qui ont peut-être peine à situer les « blousons noirs » français de 1960.

Le cadre interprétatif partagé par les chercheurs britanniques permet précisément de donner sens à cette floraison de styles et marqueurs vestimentaires, capillaires (tuniques indiennes, scooters, épingles à nourrice). Le constat de départ est celui d'une crise de la reproduction du monde ouvrier, au sens d'une impossibilité de réinvestissement sans altération majeure des rôles paternels par les fils. L'essor de l'habitat collectif et de la scolarisation, les changements de l'environnement médiatique introduisent une rupture dans la socialisation des générations du *baby-boom*. Dans le même temps les changements multiples (processus de production, rémunérations, chômage de masse plus tard) que vit le monde ouvrier remodèlent et déstabilisent son identité.

La gamme des styles de vie peut alors renvoyer à deux modalités fondamentales de gestion de ces incertitudes identitaires, l'une marquant la continuité, l'autre la rupture. Pour une partie des jeunes de milieu populaire (*rockers*, plus tard *skinheads*) il s'agit de retranscrire dans un style de vie jeune des valeurs empruntées à l'héritage ouvrier (solidarité de groupe, valorisation d'une virilité agressive, de la force), voire (*skinheads*) d'emprunter des

cette question à l'ordre du jour. La transition vers l'urbanisme de grands ensembles mine les mécanismes de contrôle social qui contribuaient à la reproduction du groupe ouvrier. La scolarisation plus prolongée d'une partie des jeunes de milieu populaire affecte leurs repères culturels, redéfinit l'espace des possibles dans lequel inscrire leurs projets professionnels. Plus globalement, le monde ouvrier est travaillé de multiples changements qui suscitent un débat sur « l'ouvrier de l'abondance » [Goldthorpe et Lockwood, 1968], équivalent des discussions françaises d'alors sur la « nouvelle classe ouvrière ». La crise, la désindustrialisation massive des années 1980 constitueront un autre traumatisme social et identitaire majeur. Les sous-cultures jeunes sont l'un des terrains où les chercheurs du CCCS se sont montrés à la fois les plus productifs, les plus inventifs, les plus en prise immédiate sur les dynamiques sociales [Hebdige, 1979].

composantes plus régressives de cet héritage (racisme) ou de transcender un destin redouté en style revendiqué par mimétisme sur le lumpen-proletariat.

À l'autre pôle, une seconde famille de styles de vie (symbolisée en particulier par les *mods* des années 1960) mobilise une panoplie qui joue d'un imaginaire de consommation hédoniste, de mobilité sociale, de distance aux aspects les plus « vulgaires » de la virilité et des contraintes du travail. Bien que plus caractéristique des classes moyennes le style *hippy* peut aussi constituer une sous-culture qui porte cette symbolique de sortie du populaire-ouvrier.

Mais la littérature sur les *subcultures* ne se limite pas à ce registre binaire. Deux de ses apports méritent d'être soulignés.

• En introduisant les dimensions du temps (crise des années 1970) et de l'ethnicité (les immigrés de première ou seconde génération ont aussi leurs sous-cultures qui suscitent attraction ou animosité), ces recherches permettent de comprendre les évolutions, les hybridations, les contradictions de cette succession de styles, la cohérence de chacun.

• Tout en rendant intelligible la façon dont les contradictions de la socialisation créent un flou identitaire, ces approches évitent la réduction mécaniste des styles de vie au résultat des contraintes sociales. L'accent est au contraire mis sur la façon dont, sous contrainte structurelle, les jeunes développent des tactiques de sélection dans leur potentiel identitaire. Les études de cas montrent aussi comment ces sous-cultures sont, dès leur cristallisation dans l'espace public, outils de mécanismes de provocation, de promotion ou de stigmatisation par la publicité, les médias, les autorités. Pareille approche se distancie des analyses en termes de consommation passive, d'« américanisation » subie, prête attention à une possible part créative, braconnière de la consommation.

[S. Cohen, 1972 ; Hall et Jefferson, 1975 ; Hebdige, 1979, 1988 ; *Réseaux*, 1996].

Si ces travaux ne sont pas toujours exempts d'un rapport fasciné à leur objet, deux éléments au moins rendent leur lecture stimulante alors même qu'ils traitent de phénomènes qui, nouveaux alors, sembleraient ne justifier désormais que la nostalgie des quinquagénaires.

Une première force vient de la capacité de ces textes à restituer de véritables tranches de vie, nourries par l'observation, un souci du détail qui dégénère rarement en exotisme social [Willis, 1978]. Cette qualité est visible dans les études de Hebdige sur le quotidien des *punks* ou *mods* [1979], sur la valeur symbolique dont ces derniers investissent le scooter italien [1988], ou l'attention minutieuse que Corrigan consacre à décrire et comprendre ce que peut être l'oisiveté ordinaire d'adolescents contraints de rester dans leur cité à « ne rien faire » [*in* Hall et Jefferson, 1993].

L'intérêt de ces analyses vient aussi de leur densité théorique. Elle doit aux analyses de Becker [1963] sur la déviance. Nombre de textes se fixent sur la manière dont des autorités sociales interviennent sur les sous-cultures pour stigmatiser des comportements et leurs auteurs. Le caractère déviant ne relève pas de ses composantes objectives (cheveux longs, perçages corporels), mais de l'action des institutions (Églises, médias, législateurs) qui les définissent comme indésirables. La « panique morale » qui au milieu des années 1960 transforme les bagarres entre *mods* et *rockers* sur les plages du Kent en symptôme d'une crise de la jeunesse et de l'autorité en est une illustration [S. Cohen, 1972]. L'analyse des sous-cultures vise donc à en comprendre les enjeux politiques. Sont-elles d'abord des « résistances par des rituels » selon le titre d'un ouvrage du CCCS [Hall et *alii*, 1975] ? Faut-il leur donner une valeur subversive ? Suggérer plus modestement qu'elles contiennent une critique latente des valeurs instituées ? Ou ne sont-elles que récréations sans conséquences que le capitalisme autorise hors du temps de l'école et de l'usine ?

Expansion et cohérence des problématiques

La tache d'huile du culturel

Le questionnement sur la culture au quotidien va s'étendre concentriquement, en tache d'huile.

Une première extension des recherches va porter sur le rapport des jeunes de milieu populaire à l'institution scolaire. Dans une approche ethnographique d'une grande richesse, Paul Willis [1977] éclaire la tension à l'intérieur d'une école populaire entre le comportement rebelle des « gars », et celui des « fayots » marqués par des formes diverses de soumission et de bonne volonté à l'égard de l'institution scolaire. Le sous-titre même du livre (« Comment les gosses de la classe ouvrière trouvent des emplois d'ouvriers ? ») condense aussi les impasses de cette résistance. En exprimant dans l'école un style rebelle, une masculinité agressive, un refus des compromis avec les valeurs intellectuelles et la docilité requise par l'institution, les « gars » résistent à ses entreprises socialisatrices, revendiquent des valeurs ouvrières. Ils font simultanément advenir le destin le plus probable en se fermant les marges de mobilité sociale offertes par l'école. La contribution de Willis et le travail du CCCS sur le rôle du système éducatif — qui donne lieu en 1981 au recueil *Unpopular Education* — sont aussi sans prolongements durables.

L'intérêt porté à des pratiques culturelles, définies sans souci de leur prestige social, conduit les chercheurs du centre à prendre en compte la diversité des produits culturels consommés par les classes populaires. Birmingham sera l'une des premières équipes à mobiliser les sciences sociales sur des biens aussi profanes que la publicité, les musiques rock [Frith, 1983]. Mais, comme le montre un ouvrage collectif [Hall, Hobson, Lowe et Willis, 1980], ce sont peu à peu les médias audiovisuels et leurs programmes d'information et de distraction que des enquêtes vont étudier. Un texte important vaut d'être mentionné. Dans « Codage/décodage » [1977], Hall développe un cadre théorique qui souligne que le fonctionnement d'un média ne peut être limité à une transmission mécanique (émission/réception) mais suppose une mise en forme du matériau discursif (discours, images, récit) où pèsent données techniques, contraintes de production et modèles cognitifs. Ce cadre analytique peut sembler aujourd'hui banal. Il impliquait pourtant alors de prendre en compte toutes les situations de décalage, de quiproquos entre les codes culturels, les grammaires médiatiques présidant à la production du message d'une part et les références culturelles des récepteurs d'autre part. Il y avait là de quoi bousculer les routines de la sociologie empirico-fonctionnaliste des médias, peu soucieuse des conditions de production des messages. La notion de décodage invite à prendre au sérieux le fait que les récepteurs ont des statuts sociaux, des cultures et que voir ou entendre un même programme n'implique pas d'en tirer un sens ou un souvenir similaires.

Genre et « race » : de nouvelles altérités

Le mouvement en tache d'huile connaîtra finalement deux extensions dont les conséquences à long terme seront essentielles. La première conduit aux questions de genre, à la variable masculin/féminin. Cette grille de lecture structure le recueil *Women Take Issue* [Women's Studies Group, 1978]. La valorisation du genre doit au travail empirique qui manifeste les différences de consommation et d'appréciation entre hommes et femmes en matière de télévision ou de biens culturels. Elle vient aussi de la sensibilité féministe des chercheuses (Charlotte Brunsdon et Dorothy Hobson). Comment ne pas relever combien les personnages et comportements analysés par la littérature sur les sous-cultures sont presque toujours masculins, ne pas s'interroger sur une forme de connivence macho dans certaines descriptions de la culture ouvrière ? Willis et sa façon de parler des « gars » sont aujourd'hui épinglés à ce titre dans la littérature féministe sur l'école.

Valorisée dès ses premiers travaux par Hebdige, l'autre altérité que symbolisent les communautés immigrantes et la question du racisme va prendre une place de premier plan avec le recueil *The Empire Strikes Back* [CCCS, 1982]. C'est ici aussi le terrain et la présence de fortes communautés immigrées, les réactions d'attraction, de rejet raciste qu'elles suscitent qui imposent une attention à ces variables. Cette sensibilité doit aussi à la présence d'immigrés ou d'enfants d'immigrés parmi les chercheurs du centre, à commencer par Hall ou Paul Gilroy. On ajoutera que la situation britannique s'oppose à celle de la France sur un point essentiel : des créateurs issus de l'immigration sont là-bas plus fortement présents et reconnus dans le monde culturel, spécialement en littérature (Kincaïd, Kureishi, Rushdie).

Les réfractaires : passé/présent

Si Birmingham représente le site institutionnel moteur des *Cultural Studies*, l'essor de ces approches ne s'y limite pas. Williams, tardivement recruté à Cambridge — d'abord comme maître de conférences en anglais, puis (1974) comme professeur de « dramaturgie » ! —, y développe alors ses recherches. L'apport de la composante « historienne » des *Cultural Studies* illustre la cohérence des questionnements, qu'ils visent le passé ou le présent.

Thompson tire profit de la création d'une nouvelle université à Warwick pour s'y faire recruter en 1964. Il y crée un centre de recherches en histoire sociale. À la suite du livre de référence qu'il avait produit sur la formation de la classe ouvrière britannique [1963], il y développe ses recherches relatives à l'univers des coutumes et cultures populaires anglaises depuis le XVIIIe siècle. Si elles peuvent se fixer sur des comportements « folkloriques » comme les charivaris, ces contributions, rassemblées dans *Customs in Common* [1991], visent surtout à comprendre comment les potentialités contradictoires de la culture populaire, faite de déférence à l'autorité et d'esprit rebelle, d'ancrage dans des traditions et d'une dimension picaresque de quête du mouvement, interagissent avec les pouvoirs sociaux. Il s'agit alors de penser l'« économie morale » du monde populaire — qui considère la terre et ses produits comme devant avant tout servir les besoins de la communauté villageoise — face à l'essor d'une économie monétarisée, de saisir les frictions entre les représentations traditionnelles de la sociabilité et les exigences (de ponctualité par exemple) d'une discipline de production dans l'industrie naissante. L'un des résultats les plus aboutis de cette démarche est *Whigs and Hunters* [1975] où Thompson s'emploie à élucider ce qui apparaît au premier abord comme l'inexplicable férocité d'une loi de 1723 réprimant le braconnage. La mobilisation des archives judiciaires redonne chair à un monde de braconniers, de glaneurs, de gardes forestiers et de grands aristocrates chasseurs. Elle montre comment le braconnage, le sabotage des piscicultures des puissants, les vols de bois peuvent se lire comme un registre de protestation, un mode d'action populaire. Il oppose en actes la représentation de la forêt comme un bien sur lequel tout membre de la communauté dispose de modestes droits, à sa privatisation par une évolution juridique qui ne connaît que les droits exclusifs du propriétaire.

On comprend alors quelle est, par-delà les figures disparates du *mod* de Soho de 1964 ou du braconnier de Windsor de 1714, la cohérence de ces travaux. Il s'agit toujours d'approcher le social par le bas, d'observer le quotidien des milieux populaires. Les *Cultural Studies* naissent d'un refus du légitimisme, des hiérarchies académiques des objets nobles et ignobles. Elles se fixent sur la banalité apparente de la publicité, des émissions de distraction, des modes vestimentaires. L'étude du monde populaire lui-même porte infiniment moins sur les figures héroïques des dirigeants que sur la sociabilité quotidienne des groupes, le détail des décors, pratiques et coutumes.

Ce parti pris implique de privilégier les méthodes d'enquête capables de saisir au plus près ces vies ordinaires : ethnographie, histoire orale, recherche des écrits qui donnent à voir le populaire (archives judiciaires, industrielles, paroissiales) et non la seule geste des puissants. Enfin et surtout, ces travaux relèvent de ce que Passeron appelle — sans y mettre rien de dépréciatif — une analyse « idéologique » ou externe de la culture. Ils ne cherchent pas simplement à cartographier des cultures, à saisir leur cohérence, à montrer la manière dont la fréquentation du pub, celle du match de football et des fêtes foraines peuvent constituer un ensemble de pratiques cohérentes. Les activités culturelles des classes populaires sont analysées pour interroger « les fonctions qu'elles assument par rapport à la domination sociale » [Grignon et Passeron, 1989, p. 29]. Si la culture est au cœur de la démarche, elle l'est comme point de départ d'un questionnement sur ses enjeux idéologiques et politiques. Comment les classes populaires se dotent-elles de systèmes de valeurs et d'univers de sens ? Quelle est l'autonomie de ces systèmes ? Leur contribution à la constitution d'une identité collective ? Comment s'articulent dans les identités collectives des groupes dominés les dimensions de la résistance et d'une acceptation, résignée ou meurtrie, de la subordination ?

Les circulations de la théorie

Dominations et résistances

Dès lors que l'objet culture est pensé dans une problématique du pouvoir, un ensemble d'interrogations théoriques et de concepts est nécessaire. Quatre d'entre eux prennent une place structurante.

La notion d'idéologie d'abord : elle fait partie du legs marxien auquel puise la majorité des chercheurs de ce courant. Penser les contenus idéologiques d'une culture n'est rien d'autre que de saisir, dans un contexte donné, en quoi les systèmes de valeurs, les représentations qu'ils recèlent œuvrent à stimuler des processus de résistance ou d'acceptation du *statu quo*, en quoi discours et symboles donnent aux groupes populaires une conscience de leur identité et de leur force, ou participent du registre « aliénant » de l'acquiescement aux idées dominantes.

La référence à l'idéologie conduit à la thématique de l'hégémonie, formulée par le théoricien marxiste italien Antonio Gramsci dans les années 1930. S'il adhère à l'idée que « les idées dominantes sont les idées de la classe dominante », Gramsci interroge aussi les médiations par lesquelles cette autorité et cette hiérarchie fonctionnent, il intègre le rôle des idées et croyances comme supports d'alliances entre groupes sociaux. L'hégémonie est fondamentalement une construction du pouvoir par l'acquiescement des dominés aux valeurs de l'ordre social, la production d'une « volonté générale » consensuelle. On comprend dès lors l'attention que la notion gramscienne conduit à porter aux médias. Ian Connell montre ainsi comment les routines du journalisme télévisuel aboutissent à mettre en relief le point de vue patronal dans la présentation du débat sur la politique salariale [*in* Hall et *alii*, 1980].

L'emploi fréquent du terme de résistance renvoie à un troisième repère conceptuel et questionne la spécificité du pouvoir culturel que peuvent exercer les classes populaires. Floue, la notion de résistance suggère plus un espace de débat qu'un concept verrouillé. D'un coté, loin d'être des consommatrices passives, des idiots culturels pour reprendre l'expression de l'anthropologue Clifford Geertz [1973], les classes populaires mobilisent un répertoire d'obstacles à la domination. Il s'agit du conflit social, mais aussi de cette indifférence pratique au discours, que Hoggart nommait « consommation nonchalante ». Il peut s'agir encore des effets de la dérision, du mauvais esprit, de l'aménagement de micro-espaces d'autonomie ou de fête [S. Cohen et Taylor, 1976]. Le problème sous-jacent à la notion de résistance est celui que pose dans le domaine des mouvements sociaux la question des armes des faibles [Neveu, 2002a]. Ne sont-elles que de faibles armes ? Elles attestent un potentiel d'action autonome. Mais ne sont-elles pas condamnées à une posture purement défensive, à des succès partiels et provisoires, à osciller entre baroud et bras d'honneur, sans pouvoir renverser les rapports de force ? Hebdige exprime cette ambivalence lorsqu'il note que les sous-cultures ne sont « ni simple affirmation ni refus, ni "exploitation commerciale", ni "révolte authentique". [...] Il s'agit à la fois d'une déclaration d'indépendance, d'altérité, d'intention de changement, d'un refus de l'anonymat et d'un statut subordonné. C'est une insubordination. Et il s'agit en même temps d'une confirmation du fait même de la privation de pouvoir, d'une célébration de l'impuissance » [1988, p. 35].

Enfin, c'est en filigrane la problématique de l'identité qui se profile. À mesure que la dynamique des travaux vient superposer aux classes sociales des variables comme la génération, le genre, l'ethnicité, la sexualité, c'est tout un questionnement sur le mode de constitution des collectifs, une attention croissante à la manière dont les individus structurent subjectivement leur identité, qui vient occuper une place stratégique.

La théorie comme objet d'importation

Hebdige note dans *Hiding in the Light* : « Beaucoup des points de référence critiques et théoriques qui donnent l'orientation de base de ce livre sont français. Quelques-uns sont italiens ou allemands. Très peu sont identifiables comme britanniques. Comme tant de diplômés des formations d'arts et de sciences sociales scolarisés à la fin des années 1960 et dans les années 1970, j'ai tenté de fuir la tradition anglaise, de trouver mon propre ailleurs... » [1988, p. 11]. Cette posture est alors la règle. Les premiers *working papers* sont des supports de vulgarisation d'auteurs continentaux non traduits au Royaume-Uni.

L'attirance pour les théories continentales est une forme de réaction aux orientations dominantes des sciences sociales anglophones, dont Wright Mills [1958] avait développé la critique aux États-Unis. Malgré ses vertus objectivantes, la recherche « administrative » ou appliquée, fondée sur des financements contractuels et le traitement quantitatif de données, n'est guère propice à des approches qualitatives ni à la mise à l'épreuve de questionnements critiques et novateurs. Quant au fonctionnalisme alors tout-puissant, les énormes machineries théoriques de Talcott Parsons laminent les « terrains », dissolvent précisément la question du pouvoir et de la domination. La plupart des usages de cette théorie postulent un monde où tout, à commencer par l'inégalité, est fonctionnel, comme l'*escapism*, cette quête d'évasion qui serait le principe mou de nombre des pratiques culturelles.

La quête d'outils théoriques neufs tient aussi aux défis auxquels se confrontent les chercheurs. Les *Cultural Studies* procèdent d'un glissement fondateur qui mobilise vers la culture profane les outils théoriques issus des études littéraires. Or, si les grilles d'interrogation fécondes pour analyser Dickens peuvent encore éclairer des textes moins canoniques, leur rentabilité devient plus douteuse quand il s'agit de s'intéresser aux *mods* ou aux camps scouts. Dès lors, faire son marché théorique du côté de recherches plus critiques, qu'elles viennent d'Europe continentale ou des opposants américains à la sociologie officielle, apparaît comme non dénué de cohérence.

Le domaine de la sociologie en est un exemple. Si Hall évoque le travail collectif de lecture critique de Weber, il est cependant clair que, identifiée au fonctionnalisme, cette discipline n'est pas le foyer d'inspiration de l'équipe, distance que ne peut que conforter alors le manque d'intérêt de l'Association britannique de sociologie pour la culture. Mais le chantier des sous-cultures, l'attention portée à la déviance, le souci d'observer d'aussi près que possible les interactions sociales au quotidien vont susciter l'intérêt du groupe pour l'apport de l'interactionnisme symbolique, le parti pris ethnographique de l'école de Chicago. Becker [1963] constituera bientôt une forme de référence culte. Sa qualité d'observation de la rue fera aussi

Dépasser le marxisme… par le marxisme ?

La théorie marxiste, telle qu'elle a pu être vulgarisée par le mouvement communiste, pose la primauté des infrastructures économiques dont les superstructures (systèmes politiques, droit, création culturelle) ne sont alors que des produits. Rarement prise en compte avec précision, la diversité des superstructures d'une société, d'une « formation sociale » à une autre, n'est alors qu'un pur « reflet » des rapports de classe et de production. La contribution propre de la culture à la stabilité (ou non) d'un modèle de société, sa possible marge d'autonomie sont donc refoulées.

Mécaniste, cette vision rend toute réflexion superflue puisque l'explication des cultures est donnée d'avance. Elle ne questionne guère plus les modalités concrètes, les médiations, par lesquelles l'infrastructure économique peut se heurter à l'inertie ou à la résistance de croyances ou de comportements, les articulations multiples entre les deux niveaux. L'inconfort théorique, exprimé très tôt par Thompson ou Williams, deux chercheurs à la fois attachés au marxisme et conscients, du fait de leurs recherches, des impasses de ce cadre d'analyse éclaire leurs objectifs et leurs emprunts théoriques.

C'est ce qui fait que Williams fait de ces questions le socle de son projet d'un « matérialisme culturel » : « Ce qui a coutume de passer à la trappe sous la notion marxiste traditionnelle de production économique, c'est la production directe de "politique", alors que toute classe gouvernante consacre une part significative de production matérielle afin d'instaurer un ordre politique. Aussi bien l'ordre social et politique qui maintient un marché capitaliste que les luttes sociales et politiques que ce dernier engendre sont nécessairement de la production matérielle. Depuis les châteaux, palais et églises jusqu'aux prisons, hôpitaux et écoles ; depuis l'armement de guerre jusqu'à la presse contrôlée : toute classe gouvernante, sous diverses manières, mais toujours matériellement, produit un ordre social et politique. Ces activités ne sont jamais superstructurelles […]. La complexité de ce processus est particulièrement repérable dans les sociétés de capitalisme avancé où il n'y a aucune pertinence à séparer "production" et "industrie" de la production, elle aussi matérielle, de "défense", de "loi et d'ordre", de "bien-être", d'"opinion publique" et de "divertissement". En échouant dans l'appréhension du caractère matériel de la production d'un ordre social et politique, le matérialisme sélectif (et, pour tout dire, bourgeois) a aussi échoué, et ceci de façon encore plus patente, à comprendre le caractère matériel de la production d'un ordre culturel » [Williams, 1977].

Quant aux emprunts théoriques, ils sont passés par les relectures de Marx proposées par Louis Althusser, par sa théorisation du rôle spécifique des « appareils idéologiques d'État » comme l'école et les médias, par sa quête de liens entre marxisme, structuralisme, psychanalyse [Sparks *in* Morley et Kuan-Hsing Chen, 1996].

Cette redécouverte d'un marxisme hétérodoxe explique encore le recours à l'école de Francfort (surtout Walter Benjamin), l'attention portée au sociolinguiste soviétique Mikhaïl Bakhtine, aux théoriciens marxistes de la littérature que sont Lucien Goldmann et le Hongrois György Lukács. Elle débouche surtout sur Gramsci pour ses réflexions sur le rôle des intellectuels et leurs relations aux classes populaires, sur l'inégale capacité des groupes sociaux à se doter de porte-parole qui donnent une forme cohérente à leurs croyances et aspirations. La pensée de Gramsci fera l'objet de nombreux développements et commentaires [Laclau, 1977 ; Laclau et Mouffe, 1985], en particulier parce qu'elle souligne que les rapports de pouvoir ne sont pas le décalque acquis d'avance des rapports économiques. Gramsci prend au sérieux la formule de Marx sur « l'idéologie comme force matérielle », cherche à penser tant la capacité de résistance des dominés que la manière dont un « sens commun » diffusé par les élites contribue à leur acquiescement à l'ordre social. Au-delà de positions abstraites, Gramsci développe ses intuitions dans une série d'analyses de terrain : sur le rôle de la littérature populaire de feuilleton comme outil de diffusion d'une idéologie, sur les résistances et l'autonomie d'une « société civile », sur les effets politiques et culturels des disparités de développement (la question du *Mezzogiorno* italien), sur les liens des intellectuels comme médiateurs « organiques » des dispositifs de pouvoir, ou promoteurs de stratégies de « contre-hégémonie ».

---

du *Street Corner Society* de Whyte [1943] un point d'appui. Ces incursions vers les démarches sociologiques les plus propres à saisir la trame des expériences vécues s'identifient encore dans l'intérêt pour la démarche biographique. Elle structure les grands livres de Hoggart [1957, 1991], s'exprime ailleurs de façon plus programmatique [Critcher, *in* Hall et Jefferson, 1975].

La notion de « marxisme sociologisé » rendrait assez bien compte des logiques d'importation conceptuelle du CCCS. Elle suggère un itinéraire qui sociologise une démarche de critique littéraire *via* un marxisme critique. On a vu combien l'attention portée à Althusser et Gramsci répondait à une volonté de prêter plus d'attention à l'épaisseur et à la complexité des médiations et interactions entre culture et changement social.

L'attrait du structuralisme, la place croissante occupée par les médias parmi les objets des *Cultural Studies* expliquent, enfin, l'importance considérable prise par d'autres importations françaises, au point que Thompson fulmine contre ce qu'il nommera « l'électrification de la ligne Paris-Londres ». Barthes sera le principal et plus précoce bénéficiaire de cet intérêt, bientôt accompagné par des auteurs comme le théoricien du cinéma Christian Metz ou Julia Kristeva qui participent alors à l'« aventure sémiologique » autour de la revue *Communications*, de *Tel Quel*. Ce moment avant-gardiste de l'importation ne doit pas faire oublier des emprunts antérieurs plus prévisibles (Sartre et sa vision de la littérature) de la part d'une communauté dont le territoire de départ a été la critique littéraire.

Ces importations n'ont pas été sans susciter des polémiques souvent âpres. Elle se cristallisent autour de la très althussérienne revue d'analyse filmique *Screen* [Robins, 1979]. Hall va même jusqu'à s'interroger sur l'émergence d'un « second paradigme », structuraliste, dans les *Cultural Studies* [*in* Collins et Curran, 1986]. Thompson déclenche un véritable tir de barrage anti-althussérien dans *The Poverty of Theory* (1978).

Hypothèques et réussites

Une distanciation coûteuse à la sociologie

Mettre en perspective les apports et les contributions du CCCS n'interdit pas de pointer des faiblesses.

Elles sont visibles à travers le bagage sociologique de nombre de chercheurs du CCCS. Sa minceur comporte des explications logiques. Si les usages stimulants des apports de l'école de Chicago par Cohen ou Hebdige démentent la règle, nombre de chercheurs issus des humanités plus que des sciences sociales n'ont que peu de familiarité avec la sociologie, même celle de la culture, lacune qui présente quelques inconvénients dans une entreprise intellectuelle qui cousine tout de même avec... une sociologie de la culture ! L'enjeu du débat n'est pas un patriotisme ou une orthodoxie disciplinaire, mais bien les effets pratiques d'une méconnaissance de « fondamentaux » des sciences sociales.

Le défi épistémologique posé par l'étude des cultures populaires l'illustre. Hoggart ou Thompson ont certes su porter aux cultures dominées une attention minutieuse, respectueuse et compréhensive, sans glisser dans une complaisance acritique ; mais toutes les recherches de Birmingham n'ont pas échappé aux pièges jumeaux du misérabilisme et du populisme. Certaines analyses de la dislocation de l'identité ouvrière surenchérissent parfois sur l'érosion symbolique et statutaire du groupe, ses infortunes. Si elles n'ignorent pas l'ambiguïté des sous-cultures, les séduisantes analyses de Hebdige sur les *mods* ne sont pas exemptes d'une célébration de leur objet. C'est d'ailleurs vers ce versant populiste que s'exprime la plus forte attirance, tout spécialement dans l'attribution parfois généreuse du label de « résistances » à des pratiques qui peuvent aussi s'interpréter comme des bulles d'autonomie peu susceptibles de mettre en cause les rapports sociaux. Souligner ces tensions, c'est saisir une grande difficulté qui tient aux contradictions mêmes des objets analysés, mais aussi comprendre des raccourcis interprétatifs qui se systématiseront plus tard.

Légitimisme, populisme et misérabilisme

Dans un travail qui se veut à la fois prolongement et critique de la sociologie de la culture développée par Bourdieu, Grignon et Passeron explicitent les difficultés spécifiques que pose l'analyse des cultures populaires presque toujours étudiées par des auteurs que leur position d'intellectuels sépare des mondes populaires.

La difficulté la plus évidente tient dans le risque d'une forme de condescendance, le « légitimisme » qui porte des observateurs « lettrés » et « cultivés » à restreindre la notion de culture : « grande » littérature, musique « classique », œuvres présentes dans les musées. Ce biais conduit à penser le rapport des classes populaires à la culture sur le mode du manque, du moins, de l'in-culture, puisqu'elles sont moins familières de la culture légitime, c'est-à-dire socialement consacrée. Une rupture nécessaire consiste alors à assumer un relativisme qui n'est pas tant de feindre que tout vaut tout, mais de considérer que les univers des pratiques et consommations culturelles populaires méritent la même attention, le même respect que ceux d'un académicien, qu'ils peuvent être investis de significations subjectives aussi intenses, engendrer un système symbolique lui aussi riche et cohérent.

Cette rupture avec le légitimisme place face à des difficultés épistémologiques tout aussi importantes. Deux nouveaux biais d'analyse menacent alors. Le misérabilisme peut se penser comme une forme de retour du refoulé légitimiste. Observée éventuellement avec attention et sympathie, la culture populaire reste cependant encore perçue sur un mode pleurnichard ou réducteur. Elle ne peut être que dominée, incomplète, pathétique, caractérisée par le manque, la pauvreté, la naïveté. Son destin tragique est de ne pas arriver à accéder au statut de culture majuscule, complète. Le populisme sociologique est le symétrique du misérabilisme. Il consiste à célébrer et magnifier toutes et n'importe quelles pratiques culturelles populaires, investies cette fois systématiquement d'un « plus » : d'authenticité, de profondeur, de simplicité, de vertu. Un médiocre accordéoniste dans un bal « populaire » se verra ainsi doté de vertus créatrices qui seraient chipotées à Horowitz jouant Moussorgski. Pour relever souvent de bonnes intentions, le misérabilisme occulte la réalité de l'institutionnalisation sociale de hiérarchies culturelles, souvent intériorisées par les dominés (ni à l'école, ni dans les pages « culture » des journaux un Crichton ne « vaut » un Rushdie). Reposant sur le coup de force d'une inversion des hiérarchies culturelles, le populisme n'est pas toujours sans démagogie. Ses effets quant à la réévaluation effective des cultures populaires sont souvent douteux ou éphémères. Il aboutit paradoxalement à rendre sans objet et sans réponse la question de départ : qu'est-ce qu'une culture « populaire » ? En quoi diffère-t-elle d'une culture dominante-légitime ?

[Bourdieu, 1979 ; Grignon et Passeron, 1989].

Un point de vue sociologique plus construit permet de penser la création culturelle comme un espace de compétition et d'interdépendance entre producteurs, ce qu'exprime en particulier la notion de champ. À défaut on est conduit à survaloriser la vision d'une production culturelle comme réponse explicite aux attentes elles-mêmes claires de classes ou de groupes de consommateurs. Cette lacune particulière peut être reliée au fait que les importations françaises n'englobent que modestement les apports de Bourdieu. Cette ignorance prolongée tient pour partie à une perception britannique de Bourdieu comme ethnologue et sociologue de l'éducation, au détriment de ses travaux sur la culture ou les classes populaires. Nicholas Garnham et Raymond Williams souligneront le coût de cette non-rencontre : « La valeur potentielle du travail de Bourdieu en ce moment spécifique que traversent les médias et les études culturelles britanniques réside dans le fait que, dans un mouvement de critique, au sens marxiste classique, il confronte et dépasse dialectiquement des positions partielles et opposées. Il développe une théorie de l'idéologie (ou plutôt du pouvoir symbolique puisqu'il réserve en général le terme d'idéologie à des corps de pensée plus explicites et cohérents) basée, à la fois, sur une recherche historique concrète et sur l'usage des techniques classiques de la sociologie empirique comme l'analyse statistique de données d'enquêtes. Conjointement il développe sa critique du théoricisme, en particulier du structuralisme marxiste et des tendances au formalisme qui y sont associées » [1980, p. 210].

Faire l'économie de l'économie ?

Plus fondamentalement, le péché originel des *Cultural Studies* tient parfois à leur déficit d'attention à l'histoire et à l'économie. La prise en compte réflexive des héritages historiques, de la dimension du temps long dans le culturel est évidente chez Thompson, sensible chez Williams. Hormis chez Gilroy, elle frappe moins au sein de la génération que forme le CCCS. Pour Thompson [1978], il s'agit d'ailleurs moins d'un silence sur l'histoire que des effets du singulier matérialisme d'Althusser, peu attentif aux tensions intérieures d'une société, au tissu des résistances et du fonctionnement matériel du social. Dès lors la « pensée historique » est déclarée « sans valeur non seulement scientifiquement mais aussi politiquement ».

Le peu d'intérêt pour les apports de l'économie constitue une autre faiblesse qui ne peut qu'hypothéquer le projet d'un matérialisme culturel intégrant la dimension de la production et de la circulation des biens culturels. Bien que peu préparé à cette ouverture par la formation reçue dans les cours de Leavis dans les années 1930, Williams sera l'un des seuls à tenter de façon conséquente cette intégration de la dimension économique de la culture et des médias. La place que prennent des statistiques économiques ou la référence aux travaux des économistes tant dans *Communications* [1960] — qui est probablement le premier ouvrage de synthèse sur le sujet publié en Europe — que dans ses livres ultérieurs sur la télévision [1974] l'indique bien.

Cet impensé économique fera sporadiquement l'objet d'une confrontation intellectuelle entre les *Cultural Studies* et un courant de chercheurs, britanniques mais aussi français et italiens, pour qui une approche interdisciplinaire de la culture ne peut faire l'impasse sur son « économie politique ». La création en 1979 de *Media, Culture and Society*, première revue britannique consacrée à ces enjeux, permet d'ouvrir aussitôt le débat. Lancée par des chercheurs de Leicester et du Polytechnic of Central London, et non par l'équipe de Birmingham, elle va régulièrement croiser le fer avec les tenants des *Cultural Studies*. Garnham souligne en particulier que le refus légitime du « réductionnisme économique » ne peut justifier le travers inverse. L'« autonomisation idéaliste du niveau idéologique » aboutit à penser les biens culturels comme de purs vecteurs de messages, en négligeant l'existence et le fonctionnement des industries culturelles, d'un monde social organisé de leurs producteurs [Garnham, 1979, 1983].

Matérialisme culturel et tropisme textuel

La vivacité de la critique de Garnham ne vise pas à disqualifier les *Cultural Studies*, moins encore à inciter à un choix de méthode binaire entre économie des biens culturels et analyse de leur significations. Elle désigne plutôt une série de tensions qui travaillent dès l'origine l'aventure des *Cultural Studies*.

Ces contradictions se lisent dans le rapport à Marx et au marxisme qui constitue — réserve faite de Hoggart — une référence commune aux pères fondateurs et à la génération de Birmingham. La façon dominante de solliciter Marx ou ses interprètes repose sur une double et curieuse occultation. Les textes du Marx historien-sociologue (*Le 18-Brumaire*, *Les Luttes de classes*) et ceux du Marx économiste font l'objet d'un usage peu intensif. Marx et le marxisme cotés au CCCS sont plutôt ceux tournés vers la philosophie, l'analyse des idéologies. Il est devenu de bon ton de relever avec apitoiement l'inspiration marxiste d'une pensée pour la dévaluer. Or, s'ils affichent leur ancrage

Policing the Crisis
Les ambivalences d'une recherche de référence

Les sévères condamnations infligées à de jeunes immigrés de Birmingham à la suite d'un fait divers criminel (un vol avec violence) sont le point de départ d'un des livres collectifs du CCCS. *Policing the Crisis* [Hall et Critcher, 1978] vient montrer, à partir d'une ample analyse de presse, le mécanisme d'une panique morale. Dans des conditions qui suggèrent fortement une entreprise d'orchestration et de grandissement de la menace, la police et les autorités britanniques mettent en avant le péril que représenterait l'explosion de vols avec violence, dont les victimes seraient avant tout des femmes et des personnes âgées et les auteurs des jeunes de l'immigration.

L'ouvrage sollicite de façon féconde les problématiques interactionnistes de « construction » d'une déviance, montrant en particulier comment l'invention de nouvelles typologies des actes délinquants par policiers et magistrats contribue à donner du crédit à la perception d'une menace inédite. En soulignant le fait que la stigmatisation vise avant tout des jeunes issus de l'immigration, cette recherche met en lumière la place croissante donnée à des questionnements sur les identités, le racisme. Travaillant sur les récits de presse, le volume porte le regard vers les médias, la manière dont des modèles narratifs peuvent accréditer l'idée d'une forme de dangerosité naturelle ou innée des jeunes venus des Caraïbes ou des Indes. La contribution la plus forte du livre tient à l'attention qu'il prête aux jeux de pouvoir, d'hégémonie que véhicule cette panique morale. L'équipe du CCCS développe en particulier le concept de « définisseur primaire » pour valoriser le pouvoir que détiennent certaines autorités (ici, la police et la justice en tant que sources d'information et gestionnaires de la délinquance) de produire des définitions légitimes et autorisées des problèmes et des situations que la presse diffuse dans l'opinion. Publié l'année où Margaret Thatcher arrive au pouvoir, l'ouvrage offre un tableau stimulant du climat idéologique de l'époque, une prescience rétrospectivement impressionnante de ses usages par les conservateurs.

Simultanément, l'ouvrage rend perceptibles quelques limites des travaux du centre. Sa démarche reste largement « texto-centrée », travaillant sur les récits de presse sans en questionner les réceptions, plus encore sans aucune véritable enquête sur le travail des journalistes qui les rédigent. Comme le montrera Philip Schlesinger [1990], la notion clé de « définisseur primaire » peut être précieuse. Elle doit se garder toutefois d'un aplatissement de la complexité sociale qui viendrait alimenter une vision en termes de complot que récusent explicitement les auteurs. Elle suppose en effet une cohérence absolue du discours des autorités et l'impuissance de sources alternatives. Son usage traite surtout de façon cavalière la manière dont le journalisme, pensé ici plus comme un haut-parleur zélé ou forcé des autorités que comme un champ social et un milieu de travail, relaie ou non les discours et catégories officiels. Enfin, certains développements, comme les considérations finales sur le bon usage de la notion de lumpen-proletariat, relèvent plus de l'érudition marxologique que d'un grand apport au problème traité.

dans une epistémé marxiste, les grands livres de Thompson sont toujours capables de stimuler le chercheur comme le citoyen. Il est simultanément vrai que le lecteur le moins prévenu trouvera dans le corpus initial des *Cultural Studies* des textes qui relèvent de l'exégèse marxologique la plus soporifique. La force des plus belles contributions de ces années ne peut occulter la fréquence des textes « revisitant » et ressassant tel théoricien marxiste, des gloses sur les concepts d'hégémonie ou d'articulation. Hall y excelle parfois. Mais il n'a guère d'accompagnateurs à son niveau. L'invasion ultérieure des *Cultural Studies* par une prolifération de textes glosant, cette fois, sur la bimbeloterie conceptuelle du « postmodernisme » suggère que la posture contestée ici doit davantage à un habitus intellectuel, à un rapport à la théorie, qu'aux singularités de celle de Marx.

La tension joue encore entre un projet affiché et les dispositions d'une bonne part de ses promoteurs. Derrière l'idée d'un « matérialisme culturel », dont Williams fut le premier héraut, se trouve la visée d'une confrontation totale aux faits culturels. Totale parce que prenant en compte toutes les cultures et pas seulement celle des lettrés, totale parce que pensant la culture comme univers de sens, mais aussi comme assujettie à des processus de production et de circulation, comme capable d'exercer des effets dans les rapports de force sociaux. Or, chez une part de la génération de Birmingham ce projet « matérialiste » est avant tout appareillé théoriquement par des savoirs issus des traditions littéraires et de la sémiologie, d'un marxisme souvent théoriciste, d'une disposition à « textualiser » jusqu'aux cultures profanes, sans même bénéficier de cette forme de matérialisme prosaïque que pouvait apporter aux pères fondateurs l'expérience d'une longue immersion dans la pratique de la formation permanente d'adultes des classes populaires. Le fonctionnement du CCCS a le plus souvent permis de refouler ce tropisme textuel. Mais il est des retours du refoulé...

L'équation de la fécondité

Souligner ainsi les limites du centre de Birmingham n'équivaut pas à dévaluer un moment de fécondité assez rayonnant pour se dispenser d'hagiographie. Trois données constituent, malgré ses limites, le dynamisme de ces années.

La première tient au renouvellement des objets et des questionnements. La culture n'était plus objet de dévotion ou d'érudition mais questionnée dans son rapport au pouvoir.

La deuxième naît d'une combinaison singulière entre recherche et engagement. Le legs du centre, dans ce qu'il a de plus novateur et de plus durable scientifiquement, ne s'explique pas *malgré* les engagements de ses promoteurs mais *parce que* deux générations de chercheurs investirent dans un travail savant des formes diverses de passion, de colère, d'engagement contre un ordre social qu'ils tenaient pour injuste et visaient à changer. L'engagement n'est certes pas la condition nécessaire et suffisante d'une bonne science sociale. Mais le centre a incarné un de ces moments rares de la vie intellectuelle où l'engagement de chercheurs ne se stérilise pas dans l'orthodoxie ou l'aveuglement, mais prend appui sur une sensibilité forte aux enjeux sociaux qui enraie l'effet ghetto du monde académique. En concentrant sur un site central le gros d'une seconde génération de chercheurs, l'essor du centre a produit une masse critique de travaux. Les logiques de concurrence propres au monde intellectuel induisent alors des effets vertueux qui contraignent les chercheurs à gérer leurs rivalités par la quête d'armes théoriques, de protocoles d'investigation novateurs, bref par la course aux armements scientifiques, y compris pour régler des désaccords ayant une origine politique dans l'appréciation d'un système social.

La dernière variable tient au refus des patriotismes de discipline. Birmingham n'a pas fait disparaître par enchantement les divisions instituées par les spécialités universitaires. Mais le refus des frontières entre analyse littéraire, sociologie de la déviance, ethnographie, analyse des médias a engendré une féconde interdisciplinarité.

C'est un triple dépassement qui s'esquisse alors. Celui d'un structuralisme borné à d'hermétiques exercices de décodage des textes. *Via* Gramsci, celui des versions mécanistes de l'idéologie dans le marxisme. Celui de la sociologie fonctionnaliste des médias nord-américaine : contre le mécanisme du modèle stimulus-réponse se dessine une attention aux répercussions idéologiques des médias, aux réponses dynamiques des audiences. Elle s'épanouira dans les années 1980, dans un tout autre contexte politique.

III / Les ambivalences des chantiers de la réception

Dans l'évolution des *Cultural Studies*, les années 1980 sont associées à l'image du « tournant ethnographique ». L'expression désigne de façon commode un déplacement vers une étude des modalités différentielles de réception des médias par les divers publics, en particulier en matière de programmes télévisés. Mais un tournant peut en cacher un autre. Si l'on veut saisir les enjeux épistémologiques et politiques de cette nouvelle étape, il convient donc de maintenir à distance la version enchantée que l'histoire officielle des *Cultural Studies* offre de cette rupture.

Tournant ou réécriture de l'histoire ?

Le fil ethnographique des Cultural Studies

Il suffit de se reporter au corpus antérieur des travaux des chercheurs de Birmingham pour mesurer en quoi la revendication d'un « tournant » relève plus du coup de force que d'une description crédible des évolutions. Les études de Richard Hoggart sur les cultures populaires comportaient dès 1957 un visible parti pris ethnographique. Les travaux de Hebdige ou de Willis n'étaient pas non plus étrangers à cette démarche. La majorité des textes issus des années 1970 que rassemble un *reader* du CCCS [Hall et *alii*, 1980] se trouvent, d'ailleurs, dans une partie intitulée « Ethnography ». Et si l'on remonte à la préhistoire des *Cultural Studies*, on se rappelle que, dans les années 1930, des tenants de la tradition « *Culture and Society* » ont sollicité les outils de l'observation participante mis au point par l'anthropologie culturelle.

L'histoire officielle paraît d'autant plus douteuse que l'un des ouvrages qui se trouvent rétrospectivement promus au rang de points de repère de cette mutation n'est autre que *Watching Dallas : Soap Operas and the Melodramatic Imagination* de Ien Ang, dont la première édition aux Pays-Bas date de 1982, et la seconde, en Grande-Bretagne, de 1985. Or, si cette recherche est d'un grand intérêt à travers les interrogations qu'elle développe sur le plaisir des téléspectateurs/trices de *Dallas*, la notion de « réalisme émotionnel » qu'elle construit, elle repose sur quarante-deux lettres de lecteurs/trices de l'hebdomadaire féminin hollandais *Viva* obtenues par la chercheuse à partir d'une petite annonce qui invitait les lecteurs à lui faire part par écrit de leurs réactions sur le feuilleton. La question posée était : « J'aime regarder la série *Dallas*, mais fréquemment je ressens devant celle-ci des réactions particulières. Voudriez-vous m'écrire et me raconter pourquoi elle vous plaît également, ou pourquoi elle ne vous plaît pas ? J'aimerais incorporer ces réactions à ma thèse universitaire. » On est assez loin de l'ethnographie décrite par le manuel de Marcel Mauss…

Comprendre la réception des médias

Si un « tournant » a bien marqué le début des années 1980, il réside dans l'ouverture d'un chantier sur la réception des médias, qui tente d'opérationnaliser des modèles comme celui de l'encodage-décodage de Hall (*cf.* chapitre II). Un chantier resté jusqu'alors à l'état d'ébauche. Pour ce faire, des chercheurs vont déployer une grande inventivité dans la quête de méthodes d'observation et de compréhension des publics réels, notamment par des techniques ethnographiques [Moores, 1993].

Un tel retour critique vers le modèle de l'encodage-décodage va être réalisé par David Morley à travers l'étude de la réception de « *Nationwide* », le magazine d'information qui avait déjà fait, en 1978, l'objet d'une lecture sémiotique de la part de Morley et Brunsdon. Deux ans plus tard, le chercheur britannique fait paraître *The « Nationwide » Audience*. Son dessein est à la fois de s'arracher à la fascination sémiologique qui place dans le texte un programme de perception et de lecture assez puissant pour s'imposer à tous les récepteurs, et de tester empiriquement le modèle de Hall. Il va, le premier, introduire la technique des *focus groups*, observer sur vingt-neuf groupes,

Les études de la réception télévisuelle : un paysage diversifié

Si les *Cultural Studies* ont grandement contribué à conférer une visibilité à la problématique de la réception, il s'agit d'un chantier qui les déborde. Des objets, des présupposés épistémologiques et des stratégies de recherche très divers s'y côtoient, se marient, se renvoient l'un à l'autre ou s'entrechoquent. Quelques études réalisées dans le sillage dudit « tournant ethnographique » et érigées en modèles en donnent une idée. Parmi celles-ci se détachent celles de James Lull, John Fiske, Elihu Katz et Tamar Liebes.

En 1980, l'Américain James Lull publie un article programmatique sur « les usages sociaux de la télévision » ou les « audiences actives » et franchit les portes des foyers pour observer *in situ* les téléspectateurs [Lull, 1980, 1990]. De la Chine au Brésil en passant par les ex-pays communistes, ses terrains d'observation témoignent de la diversité de son expérience universitaire internationale. L'ouvrage qu'il a coordonné en 1988 sur « les familles du monde regardant la télévision » et qui regroupe des essais sur la Chine, le Venezuela, l'Allemagne, l'Angleterre, l'Inde et les États-Unis est un classique. Certains créditent ce chercheur d'avoir amorcé le « tournant ethnographique ». Toujours est-il qu'il lui revient d'avoir fait découvrir à Morley les études dites « d'usages et gratifications » [*cf.* encadré p. 66], précipitant et rendant naturelle la rencontre contre nature de cette approche développée par la sociologie fonctionnaliste des médias avec l'héritage critique. Sa propre problématique de la réception a débuté sous le signe de cette sociologie particulière des usages pour évoluer progressivement vers l'anthropologie et les études culturelles. Quant à sa pratique du terrain, il préfère la définir sur le ton de la provocation : « Je suis plus près du journalisme que d'une quelconque sorte de fascination épistémologique pour la réflexivité. Je suppose que je préférerais être un *paparazzi* qu'un universitaire ennuyeux et moralisateur ! » [*in* Jacks et Tufte, 1998, p. 148], remarque qui fait écho à celle de Ien Ang (1990) : « Sensibilité et "sensivité" critique au concret, ce sont là choses plus importantes que le professionnalisme théorique et la pureté méthodologique. »

Le Britannique John Fiske est un des pionniers des *Cultural Studies*. Pour lui, le social se réduit au langage [Fiske, 1987]. Tout est affaire de sémiotique et de textes, définis de manière extensive. Qu'il regarde *Dallas* ou une affiche de Madonna, qu'il déambule dans une galerie marchande ou dans un supermarché, le récepteur détient le pouvoir souverain de délivrer le sens d'un « texte ouvert et polysémique ». Quant à sa méthode, elle relève de l'impressionnisme, et de la généralisation abusive de ses impressions. Aucune étude empirique de la morphologie, des conditions d'existence ou des mobilisations des groupes culturels qu'il prend comme terrain d'observation. Que ce soient des groupes d'adolescents, d'aborigènes australiens ou des populations afro-américaines. Brigitte Le Grignou a bien montré là où le bât blesse : « Il y a, chez Fiske, des textes (des significations et des plaisirs) qui circulent, mais peu d'interrogations sur les conditions de production, de circulation, de reproduction de ces textes et notamment sur les institutions qui non seulement produisent, mais aussi structurent la réception de ces formes symboliques que sont les textes. De même que Fiske est aveugle (ou muet ?) à l'inégale distribution des biens matériels et semble convaincu que le "marché capitaliste qui rend largement disponible une grande quantité de textes plaisants exerce un effet de démocratisation", de même il néglige de s'interroger sur la distribution des compétences à résister au message, à négocier avec lui, à le mobiliser comme une ressource non seulement individuelle mais sociale » [Le Grignou, 1996, p. 113]. Seule prévaut la « démocratie sémiotique ».

La recherche de Elihu Katz et Tamar Liebes, publiée d'abord sous forme d'articles dès 1984 et dans l'ouvrage *The Export of Meaning* [1990], examine l'interprétation de *Dallas* par quatre types d'Israéliens (arabes, russes nouvellement arrivés, résidents établis depuis longtemps au Maroc, membres de kibboutzim). Elle s'inscrit dans la lignée de la sociologie fonctionnaliste des médias attentive aux « usages et gratifications ». Les décodages des récepteurs varient en fonction de leur implication, elle-même liée à ce que leurs cultures respectives construisent comme le rôle de lecteur du texte. Les entretiens fourmillent d'observations détaillées et révélatrices sur les réactions des membres de ces groupes. Ainsi, les Juifs russes récemment arrivés jugent *Dallas* comme une critique du capitalisme, un programme qui « montre que les Américains n'ont pas de culture ». Les Arabes israéliens sont, eux, d'abord attentifs aux relations de famille, à l'autonomie dont disposent les femmes. Mais on cherchera en vain une analyse du contexte socioculturel différentiel dans lequel chacun de ceux-ci évolue et définit son identité, qu'elle soit nationale, de genre ou de classe. Ce qui débouche sur des critères de classement des audiences locales inspirés par une théorie de la modernisation (les « plus traditionnels », les « plus modernes ») largement récusée par l'anthropologie culturelle depuis les années 1970.

---

représentant des milieux extrêmement divers, les réactions à la diffusion d'épisodes de cette émission. La recherche sur « *Nationwide* » incarne une double percée scientifique. Elle vérifie empiriquement le bien-fondé du cadre analytique posé par Hall. Elle aboutit aussi à en manifester les insuffisances et les lacunes : le modèle de Hall mêle des questions de compréhension, de reconnaissance, d'interprétation et de réaction. Centré sur l'importance des statuts de classe, il ne permettait pas de saisir l'importance du cadre domestique de perception, des relations au sein de la famille, plus spécialement la place des femmes. Le travail sur les *focus groups* fait naître des interrogations novatrices sur le rôle des médias dans la production de divers registres identitaires. Le déplacement des problématiques amorcé par Morley s'en trouve accentué, vers la dimension du « genre » (*gendered*) dans les processus de réception et le rapport aux instruments techniques de communication. Il comporte aussi l'effet d'intégrer une part conséquente des *Cultural Studies*, et leurs travaux les plus visibles, au domaine plus ancien et plus classique des recherches se réclamant des sciences de l'information et de la communication.

En 1986, Morley publie une autre recherche sous le titre de *Family Television : Cultural Power and Domestic Leisure*. Les techniques utilisées consistent notamment dans l'observation participante, le journal de l'emploi du temps, la cartographie mentale des espaces domestiques, celle des distances affectives, les modalités de communication, la discussion de l'album familial. Dans le sillage de ces investigations, le recours à des protocoles d'enquête cherchant à saisir sans cesse plus finement, plus près des pratiques, les réactions des téléspectateurs va largement essaimer.

Tournant épistémologique, tournant politique

Vers la société postfordiste ?

Pour comprendre l'évolution des *Cultural Studies*, il faut aussi ne pas les amputer de leur part politique, ne pas oublier que la recherche ne se développe pas dans le pur monde des idées et des méthodes.

Le « tournant ethnographique » est inséparable d'autres virages qui marquent la Grande-Bretagne des années 1980. Virage politique avec l'installation pour plus d'une décennie de Margaret Thatcher au gouvernement ; virage conservateur général avec les politiques que celle-ci développe en matière de privatisations et de déréglementations, de confrontation directe avec les organisations syndicales (mineurs) ; virage économique avec les effets croissants de la globalisation des économies sur le chômage, l'évolution du paysage social. Dès 1984, c'est-à-dire en même temps qu'aux États-Unis et dix ans plus tôt que sur le continent, s'amorce la libéralisation du service public des télécommunications.

Stuart Hall, le plus « politique » des chercheurs du courant, manifeste une intuition très précoce de ces changements. Il est symbolique qu'il quitte la direction du centre de Birmingham à la fin des années 1970 pour réinvestir presque immédiatement une part importante de ses énergies d'entrepreneur dans *Marxism Today* dont il devient un des rédacteurs les plus importants, voire la tête pensante. C'est dans cette revue, à laquelle il donne une quinzaine d'articles dans les années 1980, qu'il développe sa réflexion à chaud sur les changements de la Grande-Bretagne thatchérienne, de la culture et du monde. En 1988-1989, il suscite un vaste forum où il invite les intellectuels critiques à expliciter et interpréter ces changements et, par là, à regarder en face des faits têtus et désagréables pour leur *doxa* et leurs engagements. Nombre de ces contributions seront rassemblées dans le volume *New Times* [Hall et Jacques, 1990] qui explore les changements de l'économie et de l'État-providence capitalistes, les enjeux des identités, les tensions entre global et local. Ces textes abordent des thèmes traditionnels des *Cultural Studies* (la ville, les identités, la consommation). L'ensemble se singularise pourtant par le poids dominant de contributions venant d'éditorialistes de la presse, mais aussi d'universitaires économistes et politistes, tandis que la contribution des figures consacrées des *Cultural Studies* se réduit, hormis Hall, à un texte d'Hebdige. Livre plus politique qu'académique, *New Times* pose, jusque par les absents de sa table des matières, la question d'une forme de retraite ou de marginalisation des intellectuels critiques. *A contrario*, il suggère qu'il aura fallu dix ans de rouleau compresseur thatchérien pour que soit revalorisée une attention aux structures économiques, sociologiques et politiques auxquelles s'articule le « culturel ».

Pour Hall, un des traits de ces temps nouveaux du postfordisme est d'entraîner l'affaiblissement des « solidarités traditionnelles » et de donner naissance à un nouveau type d'« individualité », qui « s'écarte des lignes de continuité qui auparavant stabilisaient nos identités sociales ». « Nous ne pouvons plus désormais concevoir l'individu dans les termes d'un ego complet et monolithique ou d'un soi autonome. L'expérience du soi est plus fragmentée, marquée par l'incomplétude, composée de multiples soi, de multiples identités liées aux différents mondes sociaux où nous nous situons. Ces vicissitudes du sujet ont leur propre histoire qui renvoie aux épisodes clés du passage aux temps nouveaux. Elles incluent la révolution culturelle des années 1960, 1968 en particulier avec son vif sens de la politique comme théâtre, le slogan féministe *The personal is political*, la psychanalyse avec sa redécouverte de racines inconscientes de la subjectivité, les révolutions théoriques des années 1960 et 1970 — la sémiologie, le structuralisme et le poststructuralisme — avec leur attention au langage et à la représentation. Cette dimension du retour du subjectif suggère que nous ne pouvons nous satisfaire, en matière de langage pour rendre compte des temps nouveaux, d'un discours qui respecte les vieilles distinctions entre dimensions objective et subjective du changement. Mais un tel renouvellement conceptuel pose problème à la gauche. « Sa culture conventionnelle, qui met

Études féministes et médias

Dans les années 1980, les études féministes sur les médias, tenues jusqu'alors en lisière par l'*establishment* universitaire, acquièrent droit de cité. Aux États-Unis et dans les pays anglo-saxons fleurissent les *woman's studies*, *gender studies* ou *feminist studies*. Le postulat « *The personal is political* » se décline de multiples façons dans la recherche : la sexualité, la beauté, le corps, le plaisir, les médias et les genres (au sens de programmes ou publications) destinés aux femmes : magazines, *soap opera*, mélodrame ou romans sentimentaux.

Cette naissance à l'univers académique a eu l'immense mérite de légitimer des objets d'étude jusque-là méprisés. Elle est aussi contemporaine d'une rupture politique et épistémologique par rapport à la première génération d'études féministes [M. Mattelart, 1986, 2003].

En 1975, Laura Mulvey dans son essai *Virtual Pleasure and the Narrative Cinema* tentait de démontrer en s'aidant de la psychanalyse que le film hollywoodien identifie le plaisir avec le « regard masculin » et invite ainsi les spectatrices à s'identifier, à se regarder à travers lui, à s'aligner sur cette objectivation de la femme. La conclusion qu'en tirait la chercheuse anglaise était qu'il était urgent pour le mouvement des femmes de rompre avec ce point de vue déterminant du plaisir, de le « détruire », pour échapper à l'oppression. Treize ans plus tard, les auteurs de *The Female Gaze*, édité sous la direction de Lorraine Gamman et Margaret Marshment, prennent le contre-pied de cet appel et revendiquent la positivité du plaisir que *Dynasty*, Madonna ou les films de Steven Spielberg procurent à celles qui les regardent. La popularité des produits de la culture de masse, argumentent-ils, est telle qu'il est impossible de se situer en dehors d'eux d'autant plus que les spectatrices ont le pouvoir de déterminer le sens de ce qu'elles regardent. Une version acritique du « plaisir » commence alors une carrière universitaire sous le signe de la « politique du populaire » [Brown, 1990].

Écartant la riche accumulation des interrogations du mouvement féministe depuis les années 1960, Ang et Hermès (1991, p. 323) soutiendront que cette redéfinition des approches du plaisir est aussi une « réaction face à l'absolutisme normatif et moraliste des premiers féminismes ». Pareille posture s'inscrit sous la forme de haute théorie ou celle plus modeste de nouveau sens commun, dans la mouvance des théories « post » (moderne, structuraliste, féministe). Déclin du discours du maître, fin de toutes les vieilles certitudes, universalités et solidarités rongées par la fragmentation, la discontinuité, la diversité des cultures, des styles de vie et des intérêts, mise en question de l'ostracisme décrété par le modernisme à l'égard des industries culturelles et, donc, caducité de l'opposition culture de masse/haute culture, source de la contestation de la société existante par l'intelligentsia, revalorisation de l'ordinaire, relativisme culturel (qui peut faire bon ménage avec l'ethnocentrisme sous-jacent à la croyance dans l'avènement d'une « condition postmoderne » accessibles à toutes les femmes).

La « révélation » des vertus idéologiques de *Dallas*, *Dynasty*, des *soap operas* et autres signes de la culture de masse a suscité au cours de ces mêmes années 1980 de virulentes controverses, plus spécialement de la part de féministes, dans les pays anglo-saxons. L'Australienne Meaghan Morris a vu dans cette attitude complaisante le début de la banalisation des *Cultural Studies*, l'éviction du politique [Morris, 1986]. L'Anglaise Judith Williamson, disciple de Barthes et auteur d'un ouvrage de référence sur le décodage des messages publicitaires, a raillé les chantres de ce « populisme agressivement philistin », qui « distribuent des titres de docteur *honoris causa* en sémiotique à toutes les femmes des classes populaires pour mieux démontrer l'inanité de la critique anti-américaine ». Moins polémique, le bilan établi au seuil des années 1990 par Margaret Gallagher sur les études féministes relatives aux médias est aussi sévère : « Aujourd'hui prédomine la tendance consciemment apolitique. C'est ce qui fragilise le plus ce champ d'études. La propension est forte à éviter l'engagement théorique sur la question du pouvoir (à quelque niveau que ce soit) — une question par rapport à laquelle l'ensemble du projet féministe avait pris position [...]. Pour remédier à ces écueils, il y aurait pour le moins un besoin urgent de renouer avec les préoccupations plus larges de l'économie politique qui ont donné tout leur tranchant aux premiers travaux féministes » [Gallagher, 1992, p. 14].

l'accent sur les "contradictions objectives", les "structures impersonnelles", les processus qui œuvrent "à l'insu des hommes", nous a rendus incapables de nous confronter de façon cohérente au subjectif en politique » [Hall, 1988, p. 41].

L'érosion des identités

Prétextant la nécessité de s'adapter à ces temps nouveaux, *Marxism Today* a même progressivement changé son look en essayant d'intégrer la « nouvelle pluralité des styles de vie », reprenant les schémas des socio-styles de l'industrie publicitaire ! On a pu voir dans ces remodelages l'expression du recentrage de ses rédacteurs et un indice de ce repli des intellectuels qui suscite aussi à la même époque quelques alarmes au sein de la gauche française. En mettant l'accent sur les nouveaux marqueurs de la « société de consommation » et sur la « liberté de choix de l'individu », le diagnostic de Hall prête le flanc à ces critiques. On lui reproche de souscrire au mythe du boom de la consommation orchestré par le gouvernement néo-libéral, d'entrer dans une sorte de fascination pour son discours, et de faire l'impasse sur le bilan de la politique économique, productrice de plus en plus d'inégalités [Saville, *in* Milliband et Panitch, 1990]. Et, effectivement, la lecture que propose Hall des moyens mis en œuvre par l'État thatchérien pour asseoir l'hégémonie d'un régime « populiste autoritaire » surévalue sa consistance idéologique et l'emprise qu'il exerce sur la mentalité collective. Cette vision monolithique du pouvoir et du contrôle étatique sur les médias semble en porte à faux avec sa propre théorisation de la construction de l'hégémonie d'un groupe social comme discours « fluide », résultat filtré d'interactions sociales et de médiations culturelles, donc non manipulé par l'autorité politique [Wood, 1998]. C'est que Hall oscille entre la philosophie d'Althusser et sa vision de l'hégémonie comme contrainte exercée par des « appareils idéologiques », et celle de Gramsci, plus sensible à l'hégémonie comme jeu de négociation et de médiation.

Le paradoxe auquel conduit le diagnostic de Hall est de relever en quoi ces temps nouveaux et leurs déplacements de problématiques sont aussi des aboutissements, des continuités à l'égard de questions centrales des *Cultural Studies*. Celles-ci peuvent se lire, au moins pour partie, comme la chronique parallèle d'une dislocation (celle de l'identité ouvrière dont Hoggart le premier observe l'érosion) et la quête de nouvelles cartographies identitaires, à travers la cristallisation des sous-cultures en particulier. Les temps nouveaux du thatchérisme ont aussi pour effet d'accélérer cette dislocation des identités sociales liées au monde ouvrier d'hier. Elles sont aussi marquées en Grande-Bretagne par une forme de déconfiture des grands référents politiques que traduit l'impuissance d'un *Labour party* confiné dans l'opposition. Dans ce contexte où des formes jusque-là puissamment structurantes d'identités politiques, sociales, nationales tombent en déshérence, la question des recompositions identitaires devient un enjeu politique de premier plan.

Loin de constituer deux domaines disjoints, les travaux sur les médias et l'espace public d'une part, sur les identités sociales d'autre part vont alors trouver une forte articulation. Le sociologue américain Craig Calhoun [*in* Bourdieu et Coleman, 1991] permet de comprendre le sens de cette complémentarité. Dans une discussion de la notion d'espace public (soit l'ensemble des institutions politiques, médiatiques, dans lesquelles une société se met en visibilité, organise le débat sur ses valeurs et son fonctionnement) produite par Habermas, Calhoun en conteste la perception hyperrationaliste issue des Lumières. L'espace public n'est jamais un pur espace de rationalité, de confrontation logique de *logos*, un commerce de discours entre lesquels les citoyens choisiraient en raison. Il est toujours en même temps une forme de marché identitaire, de structure d'exhibition et d'offres où, à travers les discours politiques, le flux de l'information, les produits culturels et même des modes, circulent des modèles d'accomplissement, la valorisation de comportements, de panoplies identitaires (gay, noir, rural, musulman) à partir desquels s'opèrent, dans un mélange constant de rationalité et d'affects, des processus de construction de collectifs, de combinatoires de « je » et de « nous ».

On comprend alors que le « tournant ethnographique » puisse aussi se penser comme continuité, comme identification des moyens les plus efficaces pour analyser sur le terrain les énigmes liées aux processus de décomposition/recomposition identitaire, pour comprendre des consommations culturelles, des choix identitaires et idéologiques, des « plaisirs » médiatiques qui ne peuvent manquer d'apparaître comme scandaleux à des intellectuels marqués par le marxisme. S'appuyant sur ses diagnostics relatifs aux nouvelles conditions de la formation des identités sociales, Hall n'a cessé depuis lors d'affirmer la centralité qu'a acquise la culture dans la gestion des sociétés et, par là, dans la façon d'envisager l'action politique.

En matière de recherches académiques, Hall expliquait en 1991 le « repositionnement » des *Cultural Studies* en insistant sur certains facteurs majeurs qui obligeaient à « franchir les frontières ». Parmi eux : 1) la « globalisation » d'origine économique, ce « processus partiel de décomposition des frontières qui ont façonné aussi bien les cultures nationales que les identités individuelles, spécialement en Europe » ; 2) la fracture des « paysages sociaux » dans les « sociétés industrielles avancées » qui fait que le « moi » (*self*) est dorénavant partie d'un « processus de construction des identités sociales dans lequel l'individu se définit en se situant par rapport à différentes coordonnées et n'est pas réductible à l'une ou l'autre coordonnée (qu'elle soit la classe, la nation, la race, l'ethnie ou le genre) » ; 3) la force des migrations qui « dans le silence transforment notre monde » ; 4) le processus d'homogénéisation et de différenciation qui mine, par le haut et par le bas, la force organisatrice des représentations de l'État-nation, de la culture nationale, de la politique nationale [Hall, 1991].

On ajoutera à sa liste la rupture que constitue, pour ceux des chercheurs qui demeurent politiquement engagés, la quasi-obligation d'investir leurs énergies dans des mouvements sociaux et non plus des organisations de parti. Si ces investissements ont toujours été ceux de Hall, ils deviennent aussi ceux de Thompson, cheville ouvrière du mouvement pacifiste et pour le désarmement nucléaire (CND), se heurtant parfois à l'incompréhension de ses collègues. Moins connu, l'engagement de Morley reflète aussi ce nouveau centrage sur les mouvements sociaux, puisqu'il fut l'un des responsables clés des éditions Comedia étroitement liée aux mouvements alternatifs (féministes, antinucléaires, antiracistes et coopératifs).

Relèves et révisions

Tournants générationnels

Loin d'être lisibles au seul prisme des débats épistémologiques, ni même à celui d'un contexte politico-social, les temps nouveaux et le virage ethnographique doivent aussi à des processus générationnels. Il s'agit d'abord de l'arrivée de ce que l'on pourrait nommer la troisième génération des chercheurs. Il s'agit aussi de l'accès à l'âge adolescent et adulte de générations socialisées à l'audiovisuel et à toutes les ressources des industries culturelles dès leur plus tendre jeunesse, dont les hiérarchies culturelles ne sont plus celles de la génération à laquelle appartenaient encore les chercheurs de la deuxième vague des *Cultural Studies*. Les sensibilités à la culture, les rapports aux médias changent, exigent aussi des méthodes de recherche plus aptes à capter l'« ordinaire du sujet ».

Les interventions de jeunes étudiants participant au séminaire « *Crossing Boundaries* » organisé en 1991 à Amsterdam par l'European Network for Cultural and Media Studies sont représentatives du changement de sensibilité sur la question de la constitution de l'identité. « Alors que l'école de Birmingham, avec Hebdige et Hall, a beaucoup étudié les sous-cultures, on note dans les dernières années un ralentissement dans ce type d'études. Et cela pour deux raisons. D'abord, pendant la grande période du centre, les sous-cultures ont été approchées comme des identités vraiment fixées, comme des concepts stables de formes authentiques, originales, de résistance, à un moment historique donné et dans un lieu géographique déterminé. Deuxièmement, chaque sous-culture était supposée causer sa propre mort quand elle était acceptée par la *mainstream culture* : les punks britanniques étaient originaux par leur style et leur forme d'expression extravagants, mais quand leurs vestes de cuir sont devenues une mode, il n'y a plus eu du tout de vrais punks. [...] [Aujourd'hui], une identité fixée de la sous-culture hip-hop, par exemple, n'existe pas. Et tout ça parce que le hip-hop est une culture largement internationale. Venant des ghettos noirs de Harlem et du Bronx, elle s'est répandue en quelques mois, particulièrement en Hollande et en Angleterre. Il faut parler

Vers la fin de la polarisation des identités ?

L'évolution des axes de recherche de l'Américain Lawrence Grossberg, directement formé au centre de Birmingham dans les années 1970, est significative de l'émergence d'une troisième génération de chercheurs.

Il souligne le malaise que lui inspire la notion d'identité fondée sur une différence négative qui a, selon lui, imprégné les *Cultural Studies* et leur notion de résistance. L'identité culturelle doit se concevoir comme une « production positive ». De là sa tentative d'« injecter du mouvement et de la mobilité dans la formation de l'identité » afin de dépasser ce qu'il appelle les « conceptions polaires de l'identité », qui distribuent les gens entre dominants et marginalisés, métropolitains et périphériques, etc. Contre les notions de totalité sociale et de vérité universelle, les *Cultural Studies* doivent se définir comme un « conjoncturalisme postmoderne » (*sic*). Contre toute réification de l'identité culturelle, elles s'attachent aux trajets du « sujet nomade » appelé à se remodeler sans cesse comme un « ensemble mobile de vecteurs dans un contexte fluide » [Grossberg, 1993, p. 40 et 61]. Interprétant à sa façon les analyses des philosophes Gilles Deleuze et Félix Guattari dans *Mille Plateaux*, Grossberg parle — non sans quelque flou — de « territorialisation de la vie quotidienne » et de « logique spatiale de la vie quotidienne » comme de « la façon par laquelle les gens vivent la liberté toujours partielle de se fixer sur et de se déplacer à travers le feuilleté de réalités au sein duquel leurs identités et identifications, leur investissement sont mutuellement constitués [...]. Leurs effets peuvent être visualisés comme un diagramme, une configuration ou circulation mobile de "lieux", de points dans l'espace social où s'articulent des priorités selon des densités particulières, pour cristalliser de la formation (identitaire), des alliances » [Grossberg, 1996, p. 106-107].

De leur obscurité même, les formulations de Grossberg sont assez représentatives des tropismes intellectuels d'une part de la troisième génération. On y placera la tendance à simplifier excessivement les apports des générations antérieures dont la vision de l'identité et des styles de vie n'avait ni le monolithisme ni la simplicité suggérés. Plus encore, pareille approche pose la question d'une forme de théoricisme *light*. Celui-ci tend à noyer des questionnements pertinents — encore que la qualification de l'identité comme fondamentalement « relative » et « contingente » remonte tout de même à Max Weber — sous une surenchère de références théoriques capables de fonctionner sans matériel empirique.

aujourd'hui de la dichotomie global/local. Chaque sous-culture hip-hop locale, régionale ou nationale a ajouté ses propres foyers de préoccupation » [Wermuth, 1996, p. 62].

Un autre intervenant à ce forum exprime une autre évolution : « À mon avis, les étudiants en *Cultural Studies* ne sont pas trop différents des autres humains. Peut-être sommes-nous juste un peu plus conscients. La plupart d'entre nous préfèrent Madonna à Mozart, Kundera à Konsalik, nous savons que politiquement la gauche vaut mieux que la droite, et pour ce qui concerne les médias nous préférons les réseaux privés aux chaînes publiques. Bref, nous sommes les enfants de notre temps, et notre temps ce sont les années 1990. »

Les dérives du rapport décomplexé au média

Le glissement progressif vers la banalisation de la télévision dans sa forme commerciale est révélateur. Il s'est amorcé dans la première moitié des années 1980. Un indice important a été le premier colloque international sur les *Television Studies* organisé à Londres en juillet 1984 par le British Film Institute et l'Institut d'éducation de l'université de Londres. Ien Ang « fut un des pôles d'attraction de la manifestation en faisant de la notion de plaisir procuré à l'auditoire par la télévision commerciale le point de départ d'une confrontation de l'héritage de service public avec les paradigmes de la télévision du marché. Confrontation qui tourna au réquisitoire contre le service public et à la célébration univoque du commercial, estimé bien plus libérateur, émancipateur, puisque attentif aux attentes populaires de divertissement » [A. Mattelart et M. Mattelart, 1986, p. 150]. À cette aune, l'idée de service public étranger aux « désirs et préférences populaires » n'était qu'un « alibi pour placer les téléspectateurs dans un cadre paternaliste » [Ang, 1985b, p. 264-265].

Vers la fin de la décennie, ce leitmotiv s'est mué en une déclaration de guerre à l'encontre de la directive « Télévision sans frontières » adoptée par les pays de la Communauté européenne. « Les “européistes” ont démontré une préoccupation obsessionnelle vis-à-vis de la supposée menace de l'“américanisation” culturelle comme conséquence de la transnationalisation du système des médias. Cette posture occulte une évidence : le fait que les symboles culturels américains sont devenus partie intégrante de la façon dont des millions d'Européens construisent leurs identités culturelles. Dès lors, les politiques officielles fondées sur un antagonisme totalisant de l'“Europe” contre l'“Amérique” sont nécessairement en porte à faux avec la vie quotidienne dans l'Europe contemporaine. Le discours “paneuropéiste” n'est pas seulement une réponse contre-hégémonique à l'hégémonie bien réelle de l'Amérique dans le domaine de la production et distribution culturelles. Il est lui-même une stratégie d'hégémonie qui tend à marginaliser les réponses, difficiles à saisir, des Européens ordinaires » [Ang, 1990, p. 257].

Le retour au plaisir ordinaire se faisait explicitement au nom de la nécessaire rupture avec la tradition lourde des théories négatives inspirées par l'école de Francfort et le courant structuraliste. Le problème n'est évidemment pas le paradigme en soi du plaisir, dont on ne peut que saluer la réhabilitation, mais la fonction qu'on lui fait jouer en escamotant sa duplicité, son statut foncièrement ambigu qui renvoie au rapport désir/« servitude volontaire ».

Derrière l'ordinaire du plaisir confondu avec l'ordinaire de la télévision commerciale se profilait l'acquiescement ou tout au moins la neutralité de la recherche face au processus de privatisation et de déréglementation des paysages audiovisuels, au moment même où les pays de la Communauté européenne entreprenaient un long débat sur la télévision sans frontières et s'inquiétaient des travers d'une marchandisation sauvage à l'italienne. Comme nous l'avons vu, cette idée particulière du plaisir inspire *Watching Dallas*, travail annonciateur tant du raz de marée « ethnographique » que d'une attention nouvelle et libérée des tabous idéologiques à la question du plaisir dans la réception.

Convergences

Traités de paix

On ne peut nier le mérite des nouvelles réflexions sur les audiences qui ne font que s'insérer dans un mouvement épistémologique plus général de « retour au sujet » et aux jeux de l'intersubjectivité [A. Mattelart et M. Mattelart, 1986, 1995]. Elles bousculent les théories déterministes qui, au cours des décennies antérieures, ont mis trop l'accent sur le poids des « invariants », de la structure et sur l'aliénation produite sur un consommateur réduit au statut de réceptacle. Un tel changement d'optique permet de s'interroger sur la marge de manœuvre que, entre l'autonomie individuelle et la contrainte, l'ordre social et productif laisse effectivement aux « pratiquants », mais il est nécessaire d'en signaler l'ambivalence. Le risque est réel de passer de la clôture du texte souverain à la réclusion dans la réception souveraine.

Plus de quinze années d'évolution permettent de saisir un des paradoxes à long terme du « tournant ethnographique ». Pensé pour opérationnaliser des modèles théoriques, donner aux *Cultural Studies* des étais empiriques là où ils faisaient défaut, ce « tournant » semble parfois susciter de surprenants tête-à-queue qui rapprochent les tenants du cours nouveau des *Cultural Studies* de chercheurs aux approches plus traditionnelles. Il ressemble à une réinvention des bonnes vieilles études inspirées par la sociologie fonctionnaliste. Certains chassés-croisés, visibles dans des jeux de citations ou des comptes rendus d'ouvrages, offrent le spectacle d'une stupéfiante paix des braves où des chercheurs « empiristes », souvent tenus jusque-là, du côté des *Cultural Studies*, pour des incarnations grisâtres de l'académisme conservateur, rendent un hommage aux chercheurs « critiques » enfin soucieux de réalisme, tandis que les enfants affranchis de l'avant-garde découvrent les vertus méconnues des vieux classiques. Morley ne sera pas en reste dans ce jeu de reconnaissances croisées. Recensant en 1991 l'ouvrage de Katz et Liebes *The Export of Meaning*, dans le *Journal of Communication*, il émet un jugement bienveillant qu'il motive par la contribution des deux auteurs à la « démystification des théories de l'impérialisme culturel ». Or ceux-ci donnent de cette notion une vision caricaturée sous la forme d'« un message hégémonique [que] l'analyste discerne dans le texte et qui est transféré dans les esprits sans défense des téléspectateurs de par le monde ». Dans un article ultérieur, tout en se démarquant des approches « populistes », Morley argumente à nouveau en sollicitant ses travaux, ceux de Ang, Radway, Katz et Liebes, associés en une discutable cohérence contre une « thèse simplette de l'idéologie dominante » [1993, p. 14]. Que les années 1970 aient pu produire des visions trop duelles des rapports de force entre les diverses cultures et de l'idéologie dominante ne paraît guère contestable. Mais est-on quitte avec ces débats en triomphant sans péril des interpellations les plus pauvres ? En jouant d'une rhétorique ni-niste, équidistante du populisme de certains théoriciens des *Cultural Studies* et des visions apocalyptiques de la « domination » ?

Dans *Television Audiences and Cultural Studies* [1992], Morley analyse rétrospectivement avec un mélange de lucidité autocritique et de plaidoyer *pro domo* les curieuses retrouvailles que semblent parfois susciter ces évolutions, les dérapages qui accompagnèrent le franchissement du « tournant ». Son plaidoyer critique tourne essentiellement autour de la revendication

Michel de Certeau et les *Cultural Studies*

L'Invention du quotidien. Arts de faire que Michel de Certeau (1925-1986) fait paraître en 1980 est publié quatre ans plus tard en langue anglaise sous le titre *The Practice of Everyday Life*, par les Presses de l'université de Californie (Berkeley). Le milieu des *Cultural Studies* est son point d'accueil privilégié. Très vite, il devient un ouvrage de référence. Les chercheurs se reconnaissent dans l'approche qu'il propose des tactiques propres aux consommateurs dans leurs rapports avec les médias et autres dispositifs culturels.

L'originalité de ce penseur aux connaissances polymorphes, à la fois psychanalyste, anthropologue et exégète des textes sacrés, est en effet d'avoir libéré les interrogations sur les procédures minuscules de la créativité quotidienne. En contrepoint des théories de Michel Foucault sur l'emprise du maillage serré des technologies de la surveillance et de la discipline qui organisent la mise en ordre sociopolitique, il cherche à exhumer les procédures populaires tout aussi minuscules et quotidiennes des réseaux d'une « antidiscipline ». Comment l'utilisateur, à travers ses « arts de faire », ses ruses, ses bricolages, ses braconnages, ses réemplois, les pratiques de détournement et contournement, fait autre chose des « structures technocratiques ». Toutes pratiques qui « mettent en jeu une *ratio* "populaire", une manière d'agir, un art de combiner indissociable d'un art d'utiliser » [Certeau, 1980, XLI].

L'appropriation des thèses sur la « résistance active » par les *Cultural Studies* est loin d'avoir été exempte de dérapages populistes [Ahaerne, 1995]. Cette démarche célébratrice est aux antipodes de celle de Certeau qui n'a jamais été naïf quant aux limites des « antidisciplines ». Le combat tactique contre l'ordre productif et social se donne entre le fort et le faible, même si ce dernier ne cesse de construire sa culture.

d'un double dépassement. Rendu plus transparent par le recul du temps, l'enjeu du tournant des années 1980 aurait résidé dans une rupture avec les apories des *Cultural Studies* antérieures : par la mobilisation d'un outillage sociologique plus rigoureux, par le choix d'une mise à l'épreuve empirique des modèles théoriques d'analyse de la réception, mais encore par la remise en cause d'une vision parfois mythifiée des « résistances » qu'a pu susciter une lecture exagérément optimiste de *L'Invention du quotidien. Arts de faire* de Michel de Certeau. Symétriquement ce moment de dépassement aura supposé une réhabilitation critique d'une part du legs empiriste, en soulignant par exemple en quoi les travaux de Katz, Klapper, Lazarsfeld ou Merton avaient pu permettre de contrer les visions les plus simplistes du pouvoir des médias liées au modèle behavioriste de la « piqûre hypodermique » ou du « stimulus-réponse », en restituant aux

« Usages et gratifications »

À travers un questionnement récurrent sur les « effets », la réception des médias a obsédé les chercheurs depuis la Seconde Guerre mondiale, l'expérience des « propagandes » et la nécessité croissante de mesurer et d'évaluer des audiences.

Les premiers modèles d'analyse, dits de la « piqûre hypodermique », postulaient à la fois un schéma simple stimulus-réponse et des « effets » puissants. La sociologie fonctionnaliste, depuis les années cinquante, a cherché des médiations entre émission et réception [Curran, in *Hermès*, 1993]. Les études dites « Usages et gratifications » constituent en ce sens une avancée. Elles postulent un récepteur plus actif. Elles questionnent ses « usages » des médias, les plaisirs qu'il y prend, la façon dont il « négocie » ses lectures [Katz, 1990]. Les cousinages entre les meilleurs de ces travaux et des études récentes sur la réception sont évidents ; leurs faiblesses communes aussi. Les récepteurs se voient attribuer une capacité à rendre compte de leurs pratiques qui fait d'eux des sociologues en temps réel. Les explications, souvent psychologisantes, des « gratifications » font peu de cas des contraintes de l'offre de programmes, des effets de socialisation. La capacité de négociation des récepteurs est volontiers évaluée de façon hyperbolique [Gitlin, 1978 ; Beaud, 1984].

recherches « usages et gratifications » leur part novatrice de déplacement du regard vers un récepteur actif. Morley soulignera toutefois combien cet empirisme « revisité » ne peut pour autant être totalement réhabilité lorsque l'attention à l'autonomie des récepteurs glisse vers une apologie naïve où la capacité des téléspectateurs à recoder ou braconner le flux télévisuel rend caduque toute interrogation sur les contenus. Il y reprend aussi ses distances avec Liebes et Katz, qui traitent des « codes culturels » sans chercher à en expliciter la genèse et le *modus operandi*.

Rééquilibrer les bilans autocomplaisants

Dans ses hésitations et contradictions mêmes, le regard rétrospectif de Morley constitue un témoignage important. Il rend compte d'une recherche « en action », dont la cohérence est rarement celle des exposés pour manuel. Faut-il pour autant l'accepter sans réserve d'inventaire ? Comment ne pas se montrer perplexe sur la curieuse asymétrie d'un double dépassement qui réhabilite avec beaucoup de générosité le meilleur de l'empirisme pour renouveler les problématiques des *Cultural Studies* mais manifeste assez peu de zèle à expliciter et utiliser ce qui serait le positif de l'héritage critique ?

L'entreprise de retour réflexif sur les recherches inspirées par les « usages et gratifications » n'est en soi ni blâmable ni inutile. Encore faut-il ne pas occulter les présupposés épistémologiques de ces travaux. Rappelons simplement ce qu'en disait Piemme en 1980 : « On pose face à face deux éléments (les médias/les gens, les groupes, la société) que l'on a préalablement autonomisés, ensuite on s'interroge sur leur relation. Cela signifie clairement qu'il n'y a pas au départ de localisation des médias au sein des instances de la formation sociale. Ils sont donnés hors structure et paraissent engendrer un effet *sui generis* sur des gens/des groupes/une société dont on tait les déterminations structurelles et les contradictions qui les traversent ou dont ils sont un des termes. Tout se passe dans cette théorie comme si ceux-ci n'avaient rien à voir avec les rapports de pouvoir qui donnent à la formation sociale sa configuration particulière. Cette théorie semble ignorer que les médias sont partie prenante dans les contradictions sociales, que leurs effets sont des interventions susceptibles de conforter ou d'altérer le rapport de force en présence » [Piemme, 1980, p. 95].

De bonnes raisons incitent en définitive à suspecter que des rapprochements avec la vieille tradition empiriste ne s'expliquent ni par le seul abandon des sectarismes, ni par l'effervescence créatrice du « tournant » des années 1980. En 1990, Katz écrit à propos du « retour des publics » : « La notion d'une participation ou d'un rôle du spectateur, dans la mesure même où elle prolonge l'idée d'une sélectivité du public, devient un remarquable point de convergence entre néo-marxistes, fonctionnalistes et théoriciens du texte. Les néo-marxistes acceptent de confronter leurs propres lectures des textes (analyses qualitatives du contenu) à l'étude empirique des lectures faites par les spectateurs. L'idée qu'un texte puisse être reçu par ses destinataires sur le mode oppositionnel et en rupture avec ses ambitions hégémoniques représente une ouverture de la théorie critique — Hall, Morley — à la possibilité d'une vulnérabilité du *statu quo* » [Katz, 1990, p. 282-283].

Si l'intérêt pour la réception a bien constitué un moment important de cassure avec les dogmes de la période structuraliste, il a aussi abouti à occulter des interrogations importantes, à susciter une forme de confusion qui prend les traits de la *réceptionnite*, aplatissant tous les questionnements sur les médias, renouant avec le vieux médiacentrisme. Ce n'est pas dévaluer la force de renouvellement des travaux de Morley ou Ang (mais aussi de Katz et Liebes) que de souligner que leurs apports n'ont ni disqualifié, ni épuisé les problématiques relatives aux rapports de force internationaux en matière de produits culturels, ou celles de la genèse des instruments de « décodage ». Une fois passée la ruée vers l'or ethnographique, Morley n'en disconviendra pas, comme l'indique sa collaboration avec le géographe Kevin Robins (1995). Tous deux entreprennent de réarticuler *Cultural Studies*, économie politique de la communication et géographie culturelle.

Il n'empêche que *Cultural Studies* et néo-fonctionnalisme se sont parfois bel et bien alliés pour contrer ceux qui persistent à penser l'interpénétration des cultures, des économies et des sociétés à partir de la reconnaissance de l'échange inégal entre ces cultures, des logiques d'exclusion inhérentes au processus d'intégration mondiale des systèmes techniques et économiques. Le débat que l'on souhaiterait peut difficilement avoir lieu. Tenants des *Cultural Studies* et néo-fonctionnalistes abusent trop souvent des mêmes simplifications extrêmes. La vision sommaire de l'espace global des médias qui émane du réquisitoire de Ang contre les politiques publiques de l'Union européenne est révélatrice. Elle est aussi symptomatique de l'endogamie intellectuelle de la « troisième génération », de son peu de familiarité avec les avancées de la science politique et de celles de l'économie politique de la communication et de la culture qui ont pourtant, depuis la fin des années 1970, développé la connaissance des jeux complexes d'articulations et de décrochages entre le local, le national et la sphère transnationale [Mattelart et Mattelart, 1986, 1987 ; Mosco, 1996 ; Roach, 1997 ; Miège, 2001 ; T. Mattelart, 2002].

IV / Internationalisation et crise des *Cultural Studies*

Cinquante ans à peine après *The Uses of Literacy*, trente ans après les premiers textes marquants de Birmingham, l'influence de ce courant de recherche s'étend, ses pôles se redistribuent. Les États-Unis constituent un nouveau relais et une base essentielle de ce développement. Il n'est plus guère de pays où n'existent des départements ou enseignements de *Cultural Studies*. Manuels, livres et revues se multiplient, tout comme les objets pris en compte. À l'automne 2002, un moteur de recherche donnait sur le *web* près de deux millions et demi de références distinctes à partir du terme. Il reste à prendre la mesure du développement institutionnel des *Cultural Studies* et de la manière dont il peut affecter un mouvement intellectuel originellement contestataire. Cette prodigieuse expansion ne peut s'analyser comme un simple processus de démultiplication des chercheurs et des découvertes. Ses contreparties négatives se nomment perte d'identité, de rigueur et de fécondité.

Le *Big Bang*

La revanche des polytechnics

L'institutionnalisation s'observe d'abord au Royaume-Uni, comme un quasi-accident né de la frilosité des institutions universitaires. En raison même de leur illégitimité académique, les *Cultural Studies* ont pour l'essentiel été confinées aux *polytechnics* (que l'on peut approximativement comparer aux Instituts universitaires de technologie français, avec une dimension professionnalisante moins marquée). Ces institutions, considérées comme de second rang, ont constitué depuis la fin des années 1970 à la fois les filières destinées à absorber une large part du flux croissant des étudiants et les sites d'institutionnalisation de pôles de recherche sur la culture. Or l'une des politiques publiques que développent les conservateurs britanniques au milieu des années 1980 va consister à ériger graduellement les *polytechnics* en universités de plein droit, pour répondre à la pression démographique étudiante sans trop ouvrir les institutions les plus élitistes. Dans une situation où la croissance soudaine du nombre des universités brouille la lisibilité de la carte académique, les *polytechnics* vont s'employer à affirmer leur originalité et à marquer leur territoire scientifique, en mettant en particulier en avant leur savoir-faire interdisciplinaire : *European Studies*, mais surtout *Cultural Studies* qui voient ainsi se renforcer tant leur légitimité que leurs effectifs. Dans le même temps la remarquable réussite de l'*Open University* va aussi contribuer à asseoir la discipline.

Les conditions sociales d'une diffusion

Si les années 1980 voient l'institutionnalisation des *Cultural Studies* en Grande-Bretagne, elles sont plus encore celles du démarrage de leur expansion mondiale, qui se poursuit au seuil du XXIe siècle. Toute la difficulté à rendre compte tant de cet essaimage que de l'existence de zones qui y restent imperméables tient à la diversité de leurs origines.

Quels sont les dénominateurs le plus communs de cet essor ? On peut y répondre à l'aide des analyses de Perti Alasuutari [1999] sur le cas finlandais. Dans le cas des pays capitalistes avancés, trois facteurs s'observent de façon récurrente. Le premier tient à l'émergence dans les années 1960 d'un nouveau public d'étudiants qui sont, à la faveur de la démocratisation de l'université, les premiers de leur famille à y accéder. Ce public manifeste des dispositions plus critiques et plus sceptiques à l'égard des valeurs et rituels d'un monde académique qui lui paraît formaliste. Ces modifications morphologiques de la population universitaire enclenchent presque toujours — en particulier lorsque « boursiers » et nouveaux entrants sont recrutés dans son corps enseignant — un deuxième phénomène : la remise en cause des objets et hiérarchies académiques. Les enjeux de cette contestation sont multiples. Elle peut fonctionner comme fidélité à son milieu d'origine en revendiquant la dignité et la prise en compte de sa culture. Elle peut s'insérer dans une critique plus directement politique. Elle comporte aussi des enjeux pratiques dans le microcosme académique : valoriser l'étude de la culture de masse, financer des enquêtes sur les styles de vie des jeunes suppose aussi d'arbitrer en termes de postes, de budgets, de créations de filières dans une concurrence avec d'autres disciplines et savoirs.

Et puisque l'une des particularités des luttes dans le champ scientifique est de mobiliser des ressources spécifiques (théories, paradigmes), on trouve là une troisième clé d'explication de l'essor des *Cultural Studies*. Les logiques sociales et intellectuelles qui avaient fait de Birmingham un grand foyer d'importation conceptuelle vont trouver leur équivalent dans nombre de pays. Cette proximité des situations s'exprime dans un appel fréquent aux variantes non mécanistes et/ou hautement théoriques des marxismes des années 1970, dans la sollicitation de disciplines nouvelles comme la sémiologie. Mais similitude n'est pas identité. La situation des *Cultural Studies* britanniques s'inverse : elles deviennent, au début des années 1980, objet d'exportation. La production des chercheurs britanniques offre dès lors un ensemble d'études de terrain de grande valeur et des textes plus théoriques, dont les thèmes (cultures jeunes, médias) font sens ailleurs qu'au Royaume-Uni. Mais la langue est aussi une condition de possibilité de cette influence. L'anglais, bien plus que le français ou l'allemand, constitue la langue des échanges académiques internationaux. Il donne un avantage concurrentiel aux textes et théories anglophones ou traduits en anglais. Birmingham et les *Cultural Studies* se sont donc trouvés dans les faits en position de fonctionner comme relais et interprètes (au double sens de lieux de traduction, parfois de trahison) de nombre de travaux français ou italiens.

L'accélération des années 1990

Ces explications du rayonnement international des recherches anglophones sur le culturel laissent en suspens des questions importantes. L'une est d'expliquer leur insertion dans la durée. Les années 1970 avaient ainsi vu s'installer comme science royale la première génération de la sémiologie française. Elle s'estompera dix ans plus tard de l'horizon de la recherche. Or, loin d'être un feu de paille, l'expansion des *Cultural Studies* s'est fortement consolidée dans les années 1990. Cinq explications peuvent être invoquées.

La première a trait aux décalages temporels dans les processus de démocratisation universitaire. Le mouvement lié à l'émergence des *Cultural Studies* se développe plus tardivement dans certains pays d'Europe du Sud, *a fortiori* de l'hémisphère Sud. Les années 1990 sont aussi, dans de nombreux pays européens, celles d'une seconde vague d'élargissement des effectifs universitaires, numériquement comparable à celle des années 1960.

La diffusion de ces recherches doit aussi, dans le monde anglophone, à l'action d'expatriés britanniques. Si les années Thatcher ont engendré l'institutionnalisation des départements de *Cultural Studies*, elles ont d'abord été marquées par un tarissement des recrutements et une dégradation des conditions de travail des universitaires, qui se sont traduits par un mouvement significatif, et pas toujours choisi, d'expatriation. Un collègue anglais, alors doté d'une forte visibilité dans une université du sud des États-Unis, interrogé sur la motivation de son départ, nous répondit : « *In fact it was more a push than a pull.* » Contraints par le manque de postes pour les jeunes entrants, par des conditions de travail plus gratifiantes pour des aînés plus connus (Hebdige), nombre de chercheurs britanniques sur le culturel vont quitter le Royaume-Uni et jouer un rôle actif d'ambassadeurs, d'entrepreneurs de *Cultural Studies*.

Le renforcement du réseau international des *Cultural Studies* doit aussi beaucoup à l'attrait qu'il exerce sur les départements de langue et civilisation britanniques et anglo-saxonnes de par le monde. Leurs enseignants constituent une composante significative des colloques internationaux de la discipline.

L'importance croissante du culturel comme objet de recherche et de formation universitaire tient aussi tout simplement à la place prise par la production des biens culturels. Que l'on fasse référence à une définition qui renvoie à l'idée de créativité (édition, produits audiovisuels), à celle de la transmission et de l'exploitation de savoirs (formation, traitement de données) ou à des significations plus extensives (activités récréatives, loisirs, tourisme), le culturel prend une place grandissante dans les activités économiques. L'observation vaut pour les « industries culturelles ». Elle s'applique aussi au design, aux techniques d'emballage qui anticipent sur les schèmes culturels des consommateurs pour les capter. David Chaney [1994] propose d'associer cette nouvelle prégnance du culturel à la notion de *cultural turn* : la culture a cessé d'être une composante extraordinaire de la vie sociale (rites, œuvres prestigieuses) pour pénétrer la chair du quotidien. On pourrait objecter que cette

Les départements universitaires d'anglais et la mondialisation des *CS*

Il n'est guère surprenant que des enseignants spécialisés dans la civilisation et la culture britanniques ou anglophones se tournent vers les auteurs et la nébuleuse disciplinaire qui se sont précisément confrontés de façon novatrice avec leurs objets de recherche et d'enseignement. Ces spécialistes formés dans leur jeunesse à l'exégèse des romans de Jane Austen ou de Nathaniel Hawthorne en viennent à trouver dans l'évocation de l'ethnicité chez Hanif Kuneishi ou Toni Morisson ou la critique sociale chez le cinéaste Ken Loach des objets inédits, plus excitants, ou tout simplement plus propices à renouveler la créativité d'une recherche.

L'ambiguïté de ces ralliements mérite aussi attention. Leurs apports sont évidents. L'écho trouvé du côté des départements de langue et civilisation anglaises/britanniques a renforcé les *Cultural Studies* de la mobilisation d'une troupe considérable d'universitaires, de relais institutionnels. Ces partenaires ont une connaissance de la société britannique qui peut prévenir la mise hors contexte, certaines réceptions naïves ou mal informées des travaux anglophones. Cette consolidation a un prix. Formés de façon dominante par le monde disciplinaire des humanités (langues, littérature, philosophie), ces chercheurs compagnons de route ont souvent une connaissance fort ténue des sciences sociales ou une propension à considérer les textes des sociologues comme des objets d'exégèse plus que comme une boîte à outils pour l'enquête.

Il ne s'agit pas d'opposer au projet interdisciplinaire une nouvelle querelle des facultés, mais de relever deux phénomènes qui sont au cœur de la crise des *Cultural Studies*. La rupture du moment Birmingham avait été de greffer sur un savoir-faire de « littéraires » des emprunts aux concepts et techniques d'enquête des sciences sociales. C'est le processus inverse qui se dessine cette fois, avec un retour de l'exégèse, une « textualisation » de tous les objets, qui invite à les décoder et commenter, mais dispense des peines de l'enquête de terrain. Poursuivre un projet intellectuel proche d'une sociologie compréhensive de la culture sans concepts ni habitus de sociologue constitue aussi un pari risqué.

omniprésence relève de la définition anthropologique même de la culture. C'est sans doute là que l'adjectif « culturel » vient à la rescousse. Il exprime à la fois une dimension plus réflexive du rapport à la culture, une saturation aussi des objets et comportements les plus prosaïques par des éléments de culture légitime. Le design, la publicité, leur esthétisation des actes de consommation les plus ordinaires en seraient des exemples. Ce tournant culturel mobilise de façon accrue des ressources cognitives, des savoirs organisés, tout spécialement, tant aux Nords qu'aux Suds, chez les groupes sociaux intégrés à la modernité et à ses modèles de consommation. Et on rappellera à ce propos que seuls 7 % des citoyens des États-Unis disposent d'un passeport. L'embellissement contemporain du touriste en « voyageur » [Munt, 1994] illustre ce tournant. Le touriste consommait des ultraviolets, de la plage, du pittoresque. Le « voyageur » explore, décode la culture locale. La densité culturelle de son regard lui permettrait d'investir un vestige inca ou maya de tout un bagage, fait de lectures savantes, de récits de fiction, de films, de bandes-son, d'articles de presse (d'*Indiana Jones* à Malcolm Lowry *via* Las Casas ou un essai sur la pensée métisse et la silhouette du sous-commandant Marcos). Le risque est toutefois de voir dans la veine « postmoderne » la confirmation que le monde n'est que signes, représentations, collage de discours et d'emprunts culturels.

Cette ubiquité du culturel produit des effets directs sur le système de formation et l'ouverture de filières universitaires, tout particulièrement dans un monde anglo-saxon dominé par des universités privées (États-Unis, Canada) ou un secteur public dans lequel des droits d'inscription élevés constituent la première ressource des institutions académiques. L'essor des postes et départements de *Cultural Studies*, l'introduction de leurs cours dans des formations très diverses (management, tourisme, publicité, relations publiques, architecture...) ne sont pas totalement étrangers à une « programmation » pédagogique régie par l'Audimat, capable d'attirer des effectifs étudiants conséquents, de donner aux bailleurs de fonds le sentiment d'un enseignement qui, au-delà de la « communication », serait en prise sur les futurs gisements d'emploi du tertiaire. Dans les faits, cette offre contient le meilleur et le pire, le verbalisme vaseux et la rigueur analytique, des formations dites performantes (vidéo, musique, médias) et des formations parkings menant à des galères sur le marché de l'emploi.

Les « exceptions culturelles »

Asynchronies

Cette expansion planétaire pose enfin la question de ses disparités. Au succès énorme en Amérique du Nord et Australie, à leur influence en Asie du Sud-Est s'oppose leur non-réception en France et en Allemagne ou en Europe centrale. À l'inégale influence de la langue et de la culture anglaises s'ajoutent le degré d'insertion des pays concernés dans la mondialisation des biens culturels ainsi que la structuration du champ intellectuel.

Les structures du champ intellectuel renvoient, entre autres, à l'importance de la configuration des systèmes universitaires (degré et tempo de « démocratisation », sensibilité aux attentes d'un public payant). Deux autres composantes de cette organisation académique sont à souligner. Les *Cultural Studies* semblent aussi avoir d'autant moins de chances de s'implanter dans un système académique que celui-ci a déjà développé ses propres cadres d'analyse de la culture et que les objets traités par un système de disciplines de sciences sociales déjà institutionnalisées ne laissent pas d'espaces où puisse se développer cette interdiscipline.

À l'inverse, les séquences de brusque démocratisation, comme celles consécutives à la chute de dictatures, créent des appels d'air théoriques. L'économiste Gerschenkron a souligné les effets dynamiques des modernisations de l'appareil de production dans des pays arriérés, sautant parfois deux ou trois générations d'innovations pour se doter d'entrée des technologies les plus modernes sans avoir à amortir des investissements antérieurs. L'effet Gerschenkron s'observe avec la pénétration des *Cultural Studies* en Asie du Sud-Est (Corée du Sud, Taiwan). Introduites par la diaspora des étudiants et enseignants qui fréquentent les campus des États-Unis, elles cumulent les prestiges du dernier chic théorique, d'un parfum subversif et, plus pratiquement, de leur attention à un ensemble d'enjeux (consommation, styles de vie) directement mis à l'ordre du jour par la modernisation accélérée de ces pays. Ce cadre d'explication ne fonctionne en revanche pas sur les pays anciennement sous tutelle soviétique, où l'influence des *Cultural Studies* demeure ténue. On peut penser que, dans les pays d'Asie influencés par les États-Unis et le *mainstream* de leurs recherches depuis 1950, les *Cultural Studies* permettaient de prendre distance avec la « recherche administrative », alors que le fonctionnalisme ou le simple exercice libre de l'enquête quantitative présentent en Russie un parfum de révolution intellectuelle, comme en a témoigné au seuil des années 1990 une vague de travaux russes sentant bon la naphtaline d'un empirisme version années 1950. La primauté des influences intellectuelles allemande et subsidiairement française sur celles anglophones dans le monde académique de l'Est européen joue aussi son rôle.

La France, élève récalcitrant

Les *Cultural Studies* permettent de décliner une fois de plus le thème de l'exception française [Neveu, 2002b]. Un point pratique doit être souligné : dans l'université française encore provinciale des années 1960, la langue anglaise demeure un barrage à la réception. De plus, si les pères fondateurs et le CCCS sont de grands importateurs de théories françaises, ils n'entretiennent guère de liens organiques avec les réseaux parisiens. Plus fondamentalement, le terrain est occupé. L'analyse des cultures « de masse » fait l'objet des investissements de la revue *Communications* créée en 1962, à laquelle participent Morin, Metz, Barthes. Une sociologie de la lecture se développe sous l'impulsion de Robert Escarpit dont les liens avec Hoggart sont plus personnels que théoriques. Bourdieu et sa revue *Actes de la recherche en sciences sociales* (née en 1975) explorent des objets proches de ceux du CCCS, participent d'un même projet questionnant les enjeux politiques de la culture, prenant au sérieux les cultures populaires ou illégitimes : photographie, romans « populaires », bande dessinée, livres pour enfants. En traduisant Hoggart et certains textes de Williams, Thompson et Willis, Passeron et Bourdieu ouvrent une des rares interfaces avec l'approche anglaise de la culture. Cette coopération restera cependant limitée, par défiance devant l'orientation par trop sémiologique de certaines productions britanniques, plus encore du fait des faiblesses sociologiques et du parfum populiste d'une part de ces recherches. Si le terrain est occupé, il l'est encore du fait que les traditions intellectuelles et les frontières académiques propres à l'université française ne laissent pas l'équivalent de la jachère sur laquelle se sont installées dans les îles Britanniques les *Cultural Studies*. Dans le sillage des *Annales*, et plus spécialement de l'histoire des mentalités, les historiens français (Agulhon, de Certeau, Corbin, Le Roy Ladurie) investissent fortement le « culturel ». L'archéologie des savoirs inaugurée par Michel Foucault trace d'autres pistes (Farge). Même dans les moments d'éclipse de la tradition durkheimienne, la sociologie française a prêté attention à la socialisation, à la culture et n'a jamais été une pure succursale du fonctionnalisme. Sa polarisation durable sur le système scolaire comme l'institution légitime de socialisation n'est d'ailleurs pas sans liens avec la sous-exploration du monde « profane » des médias.

Les années 1970 verront bien la consécration, comme discipline instituée, des « sciences de l'information et de la communication ». Mais l'ouverture aux études sur les médias, qui s'organise autour de *Communications*, demeure cantonnée au ghetto doré de l'École pratique des hautes études en sciences sociales, sans essaimer vers les universités. Les médias audiovisuels ne prendront que tard une place centrale dans les « sciences de la com » françaises. Les travaux précurseurs de la fin des années 1970 y portent plus initialement sur les industries culturelles. La discipline privilégiera ensuite les nouvelles technologies, les analyses de discours, la communication organisationnelle et interpersonnelle. Le statut des études de réception est une autre illustration de ce particularisme français. Michel Souchon [1969] en fut un précurseur avant même le CCCS. Mais ses travaux restent sans écho, et il faudra attendre un quart de siècle pour voir ce terrain exploré à nouveau, en prenant cette fois davantage appui sur l'apport anglophone [Pasquier, 1999]. En revanche, la sociologie des usages des objets techniques s'est avérée pionnière. Dès le début des années quatre-vingt, ce type de recherche accompagnait les expérimentations des nouvelles technologies interactives (Minitel) inaugurées dans le cadre d'une politique industrielle d'informatisation [Jouët, 2000].

Enfin, développer une démarche homologue à celle des *Cultural Studies* aurait aussi supposé une articulation engagement-recherche où ces deux investissements se fécondent mutuellement et simultanément, donnée rarissime en France. Les expressions françaises de l'intellectuel engagé se sont davantage manifestées dans des formes de suspension de l'autonomie intellectuelle devant le Parti, dans une déconnexion entre le travail savant et un engagement souvent limité aux pétitions... même si Henri Lefèvre, communiste et explorateur du quotidien, Foucault engagé aux côtés des prisonniers, Bourdieu coordonnant *La Misère du monde* constituent de remarquables exceptions.

Les Estudios culturales *: une contribution propre de l'Amérique latine*

Sur la carte des flux mondiaux d'importation et d'exportation des recherches sur les processus culturels, les pays d'Amérique latine occupent, eux aussi, une place à part.

L'interrogation sur les cultures populaires et les identités culturelles en Amérique latine est riche d'une vaste mémoire politique. Consubstantielle aux luttes d'émancipation contre l'hégémonie culturelle de l'Europe, puis des États-Unis, cette interrogation a traversé nombre de projets de réforme et révolutions sociales qui ont émaillé les histoires particulières des nations qui composent le sous-continent. Lorsque, dans l'entre-deux-guerres, le Péruvien José Carlos Mariategui s'interrogeait sur la transition du modèle éducatif de son pays, hérité de la France des Lumières, aux « méthodes américaines », il faisait déjà sien le concept d'hégémonie de Gramsci, avec qui il avait lié amitié. Lorsque le pédagogue brésilien Paulo Freire cherchait au début des années 1960 à mettre en œuvre une « pédagogie des opprimés », il renvoyait de fait à une réflexion sur les éléments de résistance contenus historiquement dans les cultures populaires. Sous la présidence (1970-1973) de Salvador Allende, les premières études ethnographiques sur la réception des séries américaines et des *telenovelas* dans les milieux populaires de Santiago du Chili ont ouvert une brèche précoce dans une gauche restée à l'âge de l'agit-prop et incapable de saisir la quotidienneté de la culture des médias [M. Mattelart et Piccini, 1974].

La recherche latino-américaine sur les cultures populaires contemporaines s'est aussi institutionnalisée dans les années 1980, sans y perdre son inventivité. On en veut pour preuve les apports de l'Hispano-Colombien Jesus Martin Barbero sur les « médiations » et le « plaisir populaire » [2003]. Nestor Garcia Canclini, Argentin établi au Mexique, travaille sur l'« hybridation culturelle », la déterritorialisation et les « communautés de consommateurs », le Brésilien Renato Ortiz sur la « moderne tradition » et la mondialisation de l'« international-populaire », ou le Mexicain Jorge Gonzalez sur les « fronts de la culture quotidienne ». Tous quatre ont d'ailleurs forgé, à l'origine, leur propre cadre conceptuel en s'appropriant les théoriciens de la culture venant souvent de traditions européennes autres que britannique. Pour le premier, c'est le phénoménologue Mikel Dufrenne, Paul Ricœur et les théoriciens français du mélodrame (et plus récemment Michel Serres) ; pour le deuxième, Gramsci et Bourdieu ; pour le troisième, Roger Bastide et Marcel Mauss ; pour le dernier, le théoricien italien des cultures populaires Alberto Cirese. Ces références, ils les ont évidemment fait dialoguer avec celles issues d'Amérique latine. Quoique plus tardivement, l'œuvre de Michel de Certeau est devenue une source d'inspiration. Les études de Hoggart et de Williams furent d'abord lues par les théoriciens de la littérature, comme ce fut le cas en Argentine, alors sous la dictature [Sarlo, 1997]. Hors du quatuor précité a fleuri un vaste courant de recherches sur la réception, en particulier des *telenovelas* [Orozco, 1996 ; Vassallo, 2002], ainsi que sur l'anthropologie des mégalopoles [Reguillo, 1997].

Mais, à la différence des *Cultural Studies* britanniques inaugurées par des chercheurs issus d'une gauche en quête d'un modèle alternatif de changement social, les *Estudios culturales* se sont structurés dans une Amérique latine subissant encore les années de plomb des régimes autoritaires, ou en sortant à peine, pour entrer dans les années de cendre des transitions démocratiques, dans la déroute ou le désarroi des forces progressistes, sans parler de la saignée qu'ont signifiée pour la communauté académique les disparitions tragiques et les départs en exil de nombreux chercheurs. Le devoir de réserve qui leur est imposé ou qu'ils s'imposent dans les pays qui les accueillent éclairent parfois leurs thématiques : traiter de la consommation ou de l'identité est moins compromettant qu'analyser les structures de pouvoir, les mouvements sociaux ou la concentration extrême des médias. Les politiques néo-libérales de « stabilisation macroéconomique » et d'« ajustement structurel » dans un sous-continent qui s'est vu promu en laboratoire des institutions financières globales n'ont fait que consolider la tendance à s'abstraire de l'action politique. Le retour à la « culture » équivaut aussi, pour certains, à un refuge dans la culture qui s'affiche d'emblée résolument critique à l'égard de la « politisation » des décennies de l'engagement.

Des Estudios culturales *aux* Latin American Cultural Studies

Dans un monde où le *web* est né de la croyance de la communauté scientifique en l'avènement de la fluidité et de la transparence des échanges entre égaux, il existe toujours des rapports de force qui conditionnent les chances et modalités d'accès des diverses visions du monde à la sphère de la science dite globale. L'attention accordée ici à la genèse, aux particularités des contributions latino-américaines permet d'en saisir une illustration typique, de voir opérer la force d'attraction de la théorie métropolitaine nord-américaine. Car si le monde universitaire des États-Unis a partiellement réussi dans les années 1990 à se constituer en relais et seconde patrie des *Cultural Studies*, le rapport de force qu'il noue aux travaux latino-américains est plus déséquilibré. Les *Estudios culturales* vont être naturalisés sous le label *Latin American Cultural Studies*, ramenés au statut de rameau d'un savoir anglophone, par des universitaires étatsuniens travaillant sur l'Amérique latine. Or, jusque-là, les chercheurs latino-américains n'avaient pas jugé utile de regrouper sous une seule appellation la gamme diversifiée de leurs études. Le fait en dit long sur la manière dont la mondialisation, qui est aussi géopolitique de l'appropriation, traite les exceptions, intellectuelles ou culturelles. Certains Latino-Américains s'enorgueillissent d'une telle promotion. D'autres tiquent et font valoir à juste titre que cette estampille induit une représentation erronée du cheminement des études produites en Amérique latine. Pour se voir concéder un étage dans le gratte-ciel des *Cultural Studies* anglophones, les travaux latino-américains sont invités à se réinventer une généalogie située dans le temps court de ce courant, au prix d'un effacement de leurs racines et de leur singularité [Lull *in* Jacks et Tufte, 1998].

Les départements de littérature ibéro-américaine ou de langues espagnole et portugaise des universités des États-Unis sont une des plaques tournantes de la diffusion des « *Latin American Cultural Studies* », label qu'ont repris des collections d'ouvrages et des revues scientifiques. Le lieu central qu'occupent les universités et les fondations éducatives étatsusiennes dans l'accréditation de ces études tient au fait qu'elles sont les seules à pouvoir offrir des perspectives de carrière à nombre de chercheurs latino-américains et à financer des projets de coopération intracontinentaux, ce qu'autorisent de moins en moins les économies en crise ou en débâcle du sous-continent. Ces liens renouvelés de la dépendance sont autant de défis auxquels sont confrontés aussi bien ceux qui restent *in domo*, ceux qui choisissent ou sont forcés de s'expatrier, ceux qui partagent leur temps entre les deux parties du continent. Tous se doivent d'y répondre s'ils ne veulent pas payer l'accès légitimant à une communauté académique mondiale d'une coupure avec leurs sociétés d'origine, de l'oubli du lieu géoculturel d'énonciation de leurs études. Ils y risquent à la fois la neutralisation de tout effet social possible de leur recherche dans leurs sociétés, et la classique « traduction-trahison » du sens d'études élaborées *depuis* l'Amérique latine, lors de leur importation par les centres universitaires des États-Unis [Roig, 1998 ; Kaliman, 2000]. Le panorama menace de se compliquer avec l'obsession des impératifs de la sécurité nationale. Après le « 11 septembre » les diasporas critiques se trouveront de plus en plus mises en demeure d'intérioriser l'autocensure.

Au vu des défis potentiels que recèlent les conditions inégales de l'échange, on ne peut que saluer les initiatives de chercheurs comme Schlesinger pour créer un espace de rencontre entre les chercheurs latino-américains et les figures des *Cultural Studies* britanniques [*Hermès*, 2001 ; *Media, Culture and Society*, 2002].

L'expansion thématique

Toujours plus loin !

L'expansion des *Cultural Studies* n'est pas que spatiale. Elle est aussi thématique. La dynamique de la recherche avait tôt engendré l'intégration de nouveaux objets : ethnicité, genre, comportements sexuels, générations. La sensibilité croissante à cette diversité des traits sociaux des individus avait conduit logiquement à des questionnements sur les identités, la subjectivité.

Les années 1980 ont été le point de départ d'une double expansion des objets et des références théoriques. Consulter aujourd'hui manuels ou recueils de textes suggère irrésistiblement la métaphore d'une boule de neige évoluant vers l'avalanche ! Dans le catalogue des éditions Routledge 1995, *Media and Cultural Studies*, les livres disponibles couvrent tout l'éventail des médias et de leurs programmes (films, feuilletons TV), des « technocultures ». Ils traitent de l'ethnicité, du racisme, du postcolonialisme. Y figurent aussi des ouvrages sur l'art, la littérature, les musées, la mémoire sociale, mais aussi les modes, les tabous, les sexualités. Le catalogue inclut encore des livres sur le journalisme, les identités, la géographie culturelle. Dans certains manuels [Barker, 2000 ; Lewis, 2002], les entrées de chapitres intègrent encore le langage, les politiques culturelles, la ville, annoncent même les promesses de synergie entre *Cultural Studies* et avancées récentes de la biologie « évolutionniste » !

On peut objecter que peu de ces territoires de recherche ne trouveraient pas au moins un explorateur dans le bilan de Birmingham. Les évolutions l'emportent pourtant sur les continuités sous trois formes au moins. La première est démographique : il n'y a aucune commune mesure entre la piste de recherche qu'ouvrent un ou deux doctorants dans les colonnes d'un *working paper* ronéoté et le quadrillage systématique de certains terrains (feuilletons TV, consommation) par des dizaines de chercheurs en un flux éditorial de dizaines de volumes. Cette montée en puissance engendre d'ailleurs des microcommunautés de chercheurs qui constituent une deuxième innovation. L'autre rupture tient à la logique annexionniste des *Cultural Studies*. Leur genèse était marquée par l'installation sur l'équivalent d'une jachère académique que constituaient des thèmes délaissés ou méprisés. Leur expansion repose désormais sur une revendication « antidisciplinaire » qui se traduit par un effacement généralisé des frontières entre *Cultural Studies* et travaux sur les médias, le genre, la structuration de l'espace. Refus des crispations disciplinaires ? Pour une part. Mais refus qui donne aussi aux champions de cette antidiscipline un droit de parole sur à peu près tous les sujets dont peuvent traiter sciences sociales et humanités. Les revues de *Cultural Studies* ont pu ainsi aborder la polémique née du livre de Goldhagen sur le génocide des Juifs d'Europe, le rôle de l'islam contemporain, les usages du *web*.

Toujours plus haut !

L'ambiguïté majeure de cette exploration tous azimuts vient de ce qu'elle se déploie en un discours de hauteur et de surplomb. Ses pratiquants n'ont pas forcément à justifier de compétences ou d'enquêtes que des communautés plus « disciplinaires » demanderaient pour contrôle de l'entrée dans le champ scientifique. La folle inflation du nombre de revues, créant mécaniquement un appel d'air pour la publication d'un nombre sans cesse croissant d'articles, n'est pas de nature à jouer dans le sens d'un renforcement des contrôles scientifiques. Le résultat est parfois cocasse. Dans la présentation de son énorme recueil de textes, Simon During, professeur au département d'anglais de l'université de Melbourne, explique intrépidement que la famille est un excellent exemple de ce qu'est un « champ » chez Bourdieu !

Au-delà d'une approche de tous les faits sociaux par le culturel, l'évolution du secteur est aussi marquée par la mobilisation croissante d'auteurs et de références qui permettent de revendiquer des postures de hauteur et de profondeur théoriques, de déployer les talents d'exégète du *lector* savant. Pas très éloigné d'un recueil de fiches de lecture, le manuel de Lewis [2002] intègre à la « généalogie » du courant Kant, Durkheim, Park, Heidegger et Geertz. On trouve dans son énorme boîte (de Pandore) à outils Berger, Derrida, Foucault, Jameson, Habermas, Lacan, Lyotard, Ricœur, Wittgenstein. Suggérons à ces auteurs la publication d'un recueil — qui ne paraît pas pouvoir excéder l'épaisseur d'une brochure — des grands textes qui

L'inflation des revues

Ce panorama très partiel des revues de *Cultural Studies* ne prend pas en compte les revues exclusivement dédiées à l'étude des médias, aux *gender studies*, ni les revues « périphériques » du champ.

1978 : *Social Text* (Duke University Press).

1983 : *Theory, Culture and Society* (S), *Australian Journal of Cultural Studies* (Murdoch University).

1986 : *Continuum* et *Cultural Studies* (C).

1987 : *Strategies* et *Journal of African Cultural Studies* (C).

1988 : *Public Culture* (Duke University Press), *Cultural Dynamics* (S), *Difference* (Indiana University Press).

1990 : *Emergences* (C).

1994 : *Parallax* (C), *Body and Society* (S), *Convergence*.

1995 : *Limina* (University of Western Australia), *Standards* (@).

1996 : *City* (C).

1997 : *Postcolonial Studies* (C), *Enculturation* (@).

1998 : *European Journal of Cultural Studies* et *International Journal of Cultural Studies* (S), *(In)visible Culture* (@).

1999 : *Cultural Values* (B), *Inter-Asia Journal of Cultural Studies* (C).

2000 : *Journal of Consumer Culture* (S), *Cultronix* (@).

2001 : *Cultural Studies/Critical Methodologies* et *Tourist Studies* (S), *Culture Machine* (@).

2002 : *Cultural Values* et *Culture, Theory and Critique* (C), *Space and Culture* (S).

L'année mentionnée est celle de création, les lettres indiquent l'éditeur (B : Blackwell ; C : Carfax ; S : Sage ; @ : uniquement en ligne).

ne relèvent *pas* des *Cultural Studies*, tant le processus d'enrôlement forcé d'une armée de « malgré nous » transforme les manuels récents en annuaires d'un siècle d'humanités et de sciences sociales.

Cette multiplication des « fondamentaux » des *Cultural Studies* s'effectue massivement au profit des philosophes, des auteurs étiquetés postmodernes. Elle s'accompagne souvent d'une purge plus vigoureuse que jamais de tout l'apport des approches « histoire », « géopolitique » et « économie politique » des médias et de la culture, d'une marginalisation explicite du rôle et des références associés aux pères fondateurs, au point que l'héritage ancien revendiqué de tous soit fort étriqué (Barthes, Hall, Hebdige, Morley, Williams).

Le désengagement des chercheurs

La politique en lévitation

L'évolution des *Cultural Studies* depuis les années 1980 ne peut être dissociée d'un processus de dépolitisation. On a souligné en quoi la genèse de ce courant était inséparable, au Royaume-Uni, de celle d'une « nouvelle gauche », d'une volonté de lier des questions existentielles et des enjeux scientifiques.

Or une part importante du réseau qui fédérait les intellectuels de gauche britanniques, leur donnait des points de contact avec les mouvements sociaux et le milieu populaire, s'est délité depuis vingt ans. La crise du mouvement syndical, les attaques des gouvernements conservateurs contre les politiques d'intervention culturelle, de formation continue, les difficultés de structuration des composantes de la gauche travailliste se sont conjuguées pour réduire à peu de chose les articulations entre chercheurs et mouvements sociaux [Mellor, 1992]. La disparition de *Marxism Today* en 1991 apparaît comme un symptôme de l'effritement de ces interfaces. Dans la même période, le sentiment d'impuissance et parfois d'incompréhension devant les succès répétés des conservateurs alimente une distance vis-a-vis de la politique, encore confortée dans les années 1990 par l'arrivée de Blair à la tête d'un *New Labour* qui met résolument le cap au centre. La disparition ou le retrait des pères fondateurs, exception faite de Hall, contribuent encore à faire des héritiers des *Cultural Studies* des orphelins de l'engagement.

Si elle apporte une sécurité et une légitimation appréciables, l'institutionnalisation des départements britanniques de *Cultural Studies* contribue aussi, en réduisant la marginalité de leurs chercheurs, à ouvrir la possibilité d'un apprivoisement des hérétiques par des institutions où ils disposent désormais de postes, de crédits, de pouvoirs. Ce désengagement-dépolitisation est bien conscient chez une part des chercheurs, comme le montrent, par exemple, les réflexions de Ang [1996] sur les risques d'une posture trop académique. Mais le propos ne va guère au-delà de l'affirmation molle que le travail des chercheurs doit servir « les publics ». On aurait pu penser que la démonétisation des références marxistes allait lever des tabous, permettre des analyses libérées d'éventuelles autocensures dans les façons d'aborder les cultures populaires. C'est presque l'inverse qui s'est produit. La moindre polarisation sur la notion de classe a bien permis plus d'attention au feuilleté des identités sociales et individuelles. Mais les malaises liés à leur dépolitisation alimentent surtout puissamment les tendances populistes, en dotant les consommateurs des produits culturels d'une réflexivité souveraine qui rend superflu le travail critique.

Une autre variante de la gestion populiste du désengagement peut s'exprimer dans un tiers-mondisme qui cherche au Sud un « populaire » préservé, un monde perdu, Eldorado où les problématiques de l'hégémonie, de la résistance, du conflit de classes garderaient un sens. Le statut donné dès la fin des années 1980 au tiers monde, spécifiquement à l'Amérique latine, peut illustrer l'ambiguïté d'une forme de reconnaissance de théoriciens latino-américains intronisés dans le club des *Cultural Studies* en tant que gardiens attitrés d'une butte témoin où les vieilles problématiques et les vieux combats gardent un sens. Cette sollicitation simpliste du monde latino-américain devient ici d'autant plus paradoxale qu'elle néglige les contradictions et ambiguïtés qui, là-bas aussi, affectent les *Estudios culturales* et y suscitent entre chercheurs de vifs débats [Schmucler, 1997 ; Esteinou, 1997 ; Ford, 1999 ; Guinsberg, 2001]. Car les auteurs du Sud ne sont pas exempts de cette tendance à confiner la « résistance » aux pratiques de consommation ; un certain flou épistémologique dont témoigne l'entassement éclectique des références dans les gloses sur les identités. La notion de « médiations » qui, couplée à celle d'hégémonie, avait démontré sa fécondité heuristique lors de la rupture avec un structuralisme fasciné par les textes a été aplatie en mode.

Le théoricisme chic et choc comme ersatz d'engagement

Le désengagement des chercheurs n'est pas réductible à un choix. Il reflète aussi la position des intellectuels dans des pays où ceux-ci n'ont jamais atteint le magistère moral ou l'écho dans l'espace public conquis par leurs homologues français ou latino-américains à la charnière du XXe siècle. Margaret Thatcher aimait à désigner les intellectuels sous le vocable de « classes bavardes ». Quant aux intellectuels critiques américains, leur situation est plus inconfortable encore depuis la « révolution conservatrice » reaganienne. Les structures organisationnelles, les utopies et idéologies du *movement* des années 1960-1970 appartiennent largement au passé tandis que triomphe l'idéologie du libéralisme économique et du conservatisme moral et politique. Les logiques économiques de rentabilité à court terme prennent un poids grandissant jusque dans le fonctionnement des institutions et presses universitaires, l'accès à l'espace médiatique. Dans ces conditions, le succès du théoricisme, la sollicitation de concepts et d'auteurs dotés d'un impressionnant pouvoir de tout « relativiser » et « déconstruire », la fascination pour les simulacres (« La guerre du Golfe n'a pas eu lieu »), la réduction du monde social à un kaléidoscope de textes et de discours expriment une humeur intellectuelle dont le sens est profondément politique. Selon le mot cruel de Gellner, les universitaires critiques américains compensent leur impuissance temporelle par la construction d'un « pays de cocagne philosophique ». Comme le montre Wacquant [1997], le radicalisme de campus est aussi un mode de gestion de l'impuissance politique. On ne saurait lui dénier une double fonction de rationalisation freudienne (le sentiment de toute-puissance théorique et d'extralucidité critique peut aider à sublimer le non-accès à l'influence sociale réelle) et wébérienne (on peut intégrer la *jet-set* universitaire en devenant grand prêtre de la suprême théorie, voire de l'amphigouri). Mais l'efficacité de ce radicalisme est plus que douteuse. La mobilisation bushienne autour de la sécurité nationale et de la « guerre juste » après les attentats du 11 septembre a encore réduit le pouvoir de ces enclaves, en même temps qu'elle a mis à nu l'ambivalence de nombreux intellectuels protestataires des États-Unis [*Société*, 2002].

Ce qui est devenu l'affaire Sokal-*Social Text* apparaît donc comme un révélateur plus qu'un fait divers académique. La revue est certes plus représentative des derniers chics théoriques du postmodernisme philosophique et littéraire que des *Cultural Studies* où, malgré son ancienneté, elle est loin d'être la plus citée. L'imposture dont elle a été la victime complice n'apparaît pas comme inexplicable ou même illogique si l'on prend en compte la définition de l'« antidiscipline » des études culturelles que revendique Grossberg : « Une façon de politiser la théorie et de théoriser la politique. » C'est à pareille définition, élégante mais creuse et narcissique, que répond Todd Gitlin : « Des *Cultural Studies* assagies et réalistes devraient [...] cesser de prétendre *être* la politique, de confondre l'université avec la société dans son ensemble. [...] Moins serait plus. Des praticiens rigoureux des études culturelles devraient être plus curieux de ce qui reste à explorer et à changer dans le monde. Il nous faut en apprendre plus sur la politique, l'économie et la société, et, de là, mieux apprécier ce que la culture et les *Cultural Studies* ne réalisent pas. Si nous voulons faire de la

L'affaire Sokal-*Social Text*

Exaspéré par ce qu'il tient pour la confusion mentale de nombre de « postmodernes », Alan Sokal, professeur de physique dans une université new-yorkaise, décide en 1996 d'en faire une démonstration par l'absurde. Il adresse à *Social Text*, revue de référence du postmodernisme, un article canular. Dans ce texte délirant — disponible en français [Bricmont et Sokal, 1997] —, Sokal s'autorise de son statut de physicien pour développer, exemples à l'appui, l'idée que nombre de théories des sciences de la nature ne sont que l'expression d'idéologies ou de rapports sociaux, mais que lorsque ces théories ont une charge « progressiste », elles convergent avec les apports du postmodernisme. Pour faire bon poids, Sokal leste son texte d'un nombre considérable de références dévotes aux figures du postmodernisme, dont celles du comité de rédaction qui accepte l'article.

Aussitôt Sokal publie dans un autre journal (*Lingua Franca*) un papier qui dévoile l'imposture. L'affaire connaîtra un prolongement européen, avec le livre précité qui met plus directement en cause, et d'une manière parfois moins pertinente, une série d'auteurs français dont beaucoup inspirent le postmodernisme.

Cet épisode, qui est fâcheusement l'un des seuls qui aient promu les *Cultural Studies* à l'attention des médias français, illustre nombre des évolutions recensées ici. Il exprime la prétention de plus en plus globalisante des chercheurs « culturels », puisque ce numéro de *Social Text* consacré à la « Guerre des sciences » ne proposait rien de moins que redéfinir l'épistémologie de la connaissance. Il veut montrer expérimentalement qu'un maniement zélé d'une logomachie tissant revendication au radicalisme politique et citations des théoriciens en vogue peut être la condition nécessaire et suffisante pour être publié. Il manifeste corrélativement le caractère problématique des critères d'évaluation scientifique que pourrait mobiliser une « antidiscipline » dont les bases deviennent un relativisme militant et une collection de plus en plus hétéroclite de références théoriques en forme de fétiches.

politique, organisons-nous en groupes, en coalitions et lobbies, manifestons, bref, faisons de la politique. Mais ne feignons pas de croire que notre travail d'universitaire serait déjà cela » [*in* Ferguson et Golding, 1997, p. 37].

Une large part des tenants avant-gardistes des *Cultural Studies* ont voulu cumuler dans leur travail intellectuel les postures et les prestiges du savant et du politique, des sciences sociales et des humanités, de la recherche et de la création artistique. Le résultat en a trop souvent été des productions qui ne font honneur à aucun de ces registres d'action et d'invention.

Le krach rampant

Métadiscours et dérive « textualiste »

L'emballement des mécanismes boursiers depuis les années 1990 suggère une série d'analogies avec les évolutions simultanées des *Cultural Studies* : bulle « spéculative », déconnexion entre des « titres » surcotés et leur faible création de valeur, envahissement du marché par les *junk bonds*, ces titres financiers sans valeur réelle.

Bien visible dans nombre de revues comme *Theory, Culture and Society*, une des évolutions les plus saillantes tient dans la dérive exégétique. Se rapprochant en cela de la philosophie et donnant de plus en plus de place au commentaire d'œuvres philosophiques (Deleuze, Gadamer, Habermas), toute une part de la production consiste en un travail de glose sur des auteurs et leurs concepts, de plus en plus souvent déconnecté de tout terrain précis. Le phénomène s'observe jusque dans des recherches qui se prévalent de la confrontation à un objet empirique. Il est désormais possible de publier un livre sur les pratiques de shopping et de consommation qui comporte une unique référence statistique en plus de deux cents pages, et dont les deux tiers des textes ne semblent reposer sur d'autres matériaux que les expériences personnelles des auteurs en tant qu'acheteurs ou flâneurs dans des galeries marchandes [Shields, 1993]. Ce rapport désinvolte à l'empirie se combine souvent à une revendication ostentatoire de hauteur et de profondeur qu'exprime l'empilement des références intimidantes tenues pour des blasons de haute intellectualité. La notion même de *French Theory*, ce monstre épistémologique, est des plus symboliques. Le terme invite à traiter comme un ensemble cohérent les auteurs les plus connus et reconnus du monde intellectuel français (Bourdieu, Derrida, Foucault, Ricœur). Ce spiritisme universitaire s'accompagne peu souvent d'une capacité à replacer ces œuvres dans le champ scientifique et les logiques sociales qui les ont vues se développer, pas davantage d'une grande attention aux incompatibilités théoriques entre des auteurs dont le seul point commun est parfois le passeport français.

Morley rend bien compte d'autres effets parasites de l'internationalisation. Que peuvent bien évoquer à un lecteur américain ou coréen qui n'a jamais vu la télé anglaise les livres sur l'émission « *Nationwide* » ? Rien de plus précis, quant au visuel et à la structuration du programme, que si un Français parlait de

« La marche du siècle » à un Indonésien. Que va retenir ce lecteur d'un livre dont le « terrain » lui reste obscur ? Les formulations les plus théoriques et les plus abstraites. Le lien entre internationalisation mal contextualisée des textes et théoricisme est clair : « Pour le dire brutalement, des niveaux plus élevés d'abstraction ("la théorie") peuvent être vendus de façon plus extensive, et non uniquement dans un cadre national spécifique. Dès lors, ils tendent simultanément à des niveaux plus élevés de profitabilité pour l'éditeur et à une réputation élargie pour le théoricien. Bref, c'est la "théorie" qui voyage le mieux » [Morley, 1992, p. 3].

Ces évolutions ne sont pas propres aux *Cultural Studies*. Elles s'inscrivent dans ce qui a été identifié comme le *linguistic turn* des sciences sociales et de la philosophie. Cette inflexion des recherches souligne le rôle du langage comme médiateur obligé de toute description du/action sur le monde social. Elle a pu stimuler l'attention aux dimensions et effets du pouvoir symbolique, revaloriser le thème barthésien de la présence de l'idéologie dans les formes, de l'attention nécessaire au discours silencieux du flux symbolique (publicité, messages médiatiques) dans lequel nous sommes immergés. Ce moment « linguistique » tend plus encore à ramener tout le social au statut d'un « texte » attendant des analystes assez subtils pour le décoder. Il occulte (ou réduit à des jeux de discours) les faits économiques, les rapports de force directs, les faits de morphologie sociale. Il a stimulé une forme nihiliste-chic de relativisme : puisque tout est discours, les notions de science, de démonstration ne sauraient être que des construits sociolinguistiques, ne pouvant donc prétendre à une rupture à l'égard des opinions ou des jugements de valeur.

Comment comprendre que le monde des *Cultural Studies* ait été de ceux où l'impact de ce tournant linguistique fut le plus « radical » ? Sa position d'inter- ou antidiscipline doit être prise en compte. Cette posture braconnière, in-disciplinée, a pu être un puissant atout de créativité. Dans le contexte du *Big Bang* elle aboutit davantage à ce qu'une communauté d'un poids démographique croissant se trouve sans « canon », sans références partagées ou — ce qui revient au même — avec des *basics* si éclectiques qu'ils stimulent davantage les compétences d'un candidat à une version académique de « Questions pour un champion » que les dispositions d'un chercheur.

L'effet Babel

La crise des *Cultural Studies* est aussi une conséquence de leur développement démographique. On a déjà relevé qu'il s'accomplissait en bonne part par intégration de chercheurs issus des disciplines littéraires et des humanités, plus prédisposés aux exégèses textuelles qu'aux enquêtes de terrain ou à la familiarité avec le raisonnement sociologique. Mais passer de quelques dizaines à des centaines voire des milliers de spécialistes disséminés en de nombreux pays rend simultanément possible des logiques d'hyperfragmentation. On voit ainsi au fil des ans s'organiser de nouvelles microcommunautés (*Black* ou *Asian Cultural Studies*, culture visuelle), se lancer des revues aux objets sans cesse plus pointus (tourisme, corps). Ces évolutions sont intelligibles. Elles offrent à des spécialistes des espaces de rencontre et de débat. Leur coût, bien perçu par Williams à la fin de sa vie, est aussi une forme d'effet Babel. Chaque microcommunauté se calfeutre dans son ghetto universitaire, restreint ses échanges avec les voisines, constitue son propre corpus de textes. Les objets pris en compte par les *Cultural Studies* étaient déjà variés dans les années 1970. Mais des concepts communs, des interrogations partagées — sur le rôle politique du culturel — permettaient que des travaux portant sur la télévision, les sous-cultures ou le genre contribuent à un savoir cumulatif, à une théorie générale de la culture et de la société ancrée dans la chair du social.

Pour échapper à une inexorable dépréciation, les *Cultural Studies* doivent revenir vers des questions auxquelles elles s'étaient confrontées dans les années 1970 : où sont aujourd'hui les connexions interdisciplinaires productives ? Comment l'engagement peut-il être un moteur et non une menace pour le travail intellectuel ? Elles doivent aussi faire face à des défis inédits : la gestion des risques liés à une institutionnalisation réussie, l'interrogation sur ce qui a changé dans l'économie et le statut du culturel.

V / Les conditions d'un renouveau

L'état des *Cultural Studies* peut susciter des questions brutales. Ce courant vaut-il encore attention ? Faut-il lui composer une introduction ou une nécrologie ?

Le flux énorme et verbeux de surenchère textualiste ne doit pas masquer le réel dynamisme de recherches plus inventives. Elles contribuent à la connaissance des cultures contemporaines ; elles précisent les effets de variables de genre ou d'appartenance communautaire, la complexité des mécanismes de réception. On plaidera aussi qu'une meilleure prise en compte du statut de la culture à l'âge dit « global », qu'une réflexion plus attentive à la bonne articulation entre global et local, grands enjeux et petits objets, peuvent donner à une analyse ambitieuse du culturel des appuis plus solides. Certains travaux récents sur les territoires, les diasporas ont su en prendre acte, tisser des liens inédits entre disciplines.

Quel legs des années de l'expansion ?

Une décennie de « science normale »

Marjorie Ferguson [1997] évalue à près de trois cents les livres classés *Cultural Studies* publiés dans les années 1990. La floraison des revues du genre suggère un nombre dix à vingt fois supérieur d'articles. L'impression que suggère ce paysage est celle d'un écart croissant entre le flot des textes et la rareté des contributions constituant des points de repères durables.

Dans son analyse des révolutions scientifiques, Thomas Kuhn propose la notion de « science normale » pour désigner les moments où une discipline scientifique vit sur un ensemble partagé de cadres interprétatifs et de questionnements qu'il associe à la notion de paradigme. Ces périodes — qui s'opposent structurellement aux moments d'effervescence et de remise en cause des révolutions scientifiques — sont souvent marquées par une forme de loi des rendements décroissants. Les terrains et les questions qu'un moment de rupture a permis d'identifier, d'éclairer autrement finissent graduellement par livrer tout ce qu'ils pouvaient livrer, ce que pouvaient en tirer les outils propres au paradigme sollicité. Après les avancées initiales, ces périodes peuvent être riches en approfondissements, mais rarement inventives.

Cette description s'applique aux *Cultural Studies* des années 1990. Marjorie Ferguson et Peter Golding [1997] en donnent une illustration explicite. Le quart des titres disponibles dans le catalogue des principaux éditeurs anglophones sont des bilans et des synthèses, bref des livres interrogeant l'état de la discipline, sur un mode qui est tantôt celui d'une mise en cause critique de dérives, tantôt un appel à accentuer des évolutions, valorisant le plus souvent l'univers des théories « post » moderne, coloniale, structuraliste. La place considérable de ces livres et colloques de bilans a pu ouvrir un espace de débats. Des recueils collectifs, des livres inspirés par un regard généalogique [Brantlinger, 1990 ; Davies, 1995] ou des relectures critiques [Morley, 1992] illustrent une réflexivité stimulante. Mais le flot des bilans d'étape suggère plus encore l'embaumement hagiographique, le retour narcissique sur une geste, le ressassement de débats plus abstraits que théoriques.

La recherche anglophone sur le culturel connaît donc des piétinements. Mais si les grandes œuvres nées d'une articulation réussie de l'enquête et de la théorisation se raréfient, l'apport des années de l'essaimage n'est pas inexistant.

L'approfondissement des études de réception

S'il n'est pas l'œuvre exclusive des spécialistes de *Cultural Studies*, le travail sur la réception demeure dynamique. On lui doit l'un des rares grands livres de la période, *Reading the Romance* que l'Américaine Janice Radway consacre aux lectrices de romans « à l'eau de rose ». Elle se réclame explicitement de Birmingham et de l'apport de chercheuses comme Brunsdon, Hobson et McRobbie. Elle leur emprunte à la fois des interrogations sur les impacts idéologiques des biens culturels, une démarche ethnographisante (entretiens approfondis avec une cinquantaine de lectrices, observation d'une librairie spécialisée) et surtout une grande attention aux propriétés formelles des récits, à leurs matrices narratives. L'un des apports majeurs de ce travail est de mettre en lumière, sans complaisance ni dépréciation dénonciatrice, les polarités contradictoires de ces lectures, l'espace des perceptions possibles. Mettant souvent en scène des rôles masculins et féminins convenus, faisant la part belle aux figures du prince charmant, ces romans participent à la reproduction des rapports sociaux traditionnels entre hommes et femmes. Parce que leur lecture est souvent vécue comme une suspension ou une conquête du temps contre les routines ménagères, parce que les récits sont aussi appropriables comme la reconnaissance de qualités émotionnelles ou relationnelles féminines, comme autant de modèles où des femmes réussissent à apprivoiser le masculin, ces romans d'amour fonctionnent aussi comme outils de valorisation identitaire. Ils peuvent conforter (*empower*) leurs lectrices dans la distanciation à l'égard de valeurs patriarcales. En interrogeant un ensemble de lectrices sur les romans qu'elles aiment et ceux qui les déçoivent, Radway met aussi en évidence la finesse de la compétence des lectrices assidues dans la maîtrise pratique des codes du genre, leur capacité réflexive face aux conventions, l'acuité de leur lecture qui permet par exemple aux plus expertes d'identifier des auteurs hommes produisant sous pseudonyme féminin. Rarement un travail sur la réception a restitué plus finement, sans gargarismes populistes, le contenu de l'idée de compétence du récepteur. Même si la variable de genre évacue quelque peu la prise en compte des différences sociales, l'étude articule parfaitement les propriétés les plus formelles du texte (montage du récit, contenus, style) et les modalités des réceptions. Les conclusions de Radway sont prudentes, jusqu'à renoncer à toute évaluation mesurable des effets idéologiques de ces récits. Elles n'en soulignent qu'avec plus de force deux points : ces romans ne sont réductibles ni à une entreprise d'aliénation des femmes, ni à des formes dérisoires ou mécaniques de productions culturelles. L'usage effectif qu'en font des femmes peut être celui de micro-« déclarations d'indépendance » quant à leur rapport au temps domestique, à la valorisation de leurs capacités, aux conventions patriarcales. Plus récemment, l'ouvrage collectif publié sous la direction de Charlotte Brunsdon, Julie d'Acci et Lynn Spigel (1997) manifeste la richesse des débats qui se développent, chez les féministes, autour des genres destinés aux publics féminins en particulier [M. Mattelart, 2003].

L'avancée des travaux sur la réception s'est aussi matérialisée dans la sensibilité des analyses à un nombre accru de matériaux et de paramètres, grâce en particulier aux chercheurs scandinaves. Le Suédois Peter Dahlgren [1988] utilise les conversations sur la télévision comme support de ses recherches. Le Norvégien Jostein Gripsrud [1995] fait le lien entre le micro et le macro en s'interrogeant à la fois sur la réception de *Dynasty* et sur le dispositif de sa production qui cherche à maximiser les audiences en anticipant les goûts des récepteurs à travers des formats. Le Danois Kim Christian Schrøder [2000] propose, à partir d'un travail sur des petits groupes de récepteurs, de combiner six critères pour avancer vers une compréhension plus riche des dimensions complexes de l'idée de réception. La motivation désigne le degré d'appétit, d'attirance à consommer un texte ou un programme. La compréhension mesure la concordance entre le sens encodé et celui perçu. La notion de discrimination introduit un paramètre relatif à la familiarité des récepteurs avec les grammaires propres à un média, les jeux d'intertextualité qu'il peut mobiliser (par exemple, la compréhension de tel sketch des « Guignols » suppose de connaître la publicité qu'il détourne). Le positionnement s'intéresse au degré d'acquiescement du récepteur au message tel qu'il l'a perçu et se complète d'une notion d'évaluation qui cherche à saisir les significations de ce positionnement puisque l'agacement devant un feuilleton ou une émission peut naître de raisons contradictoires. Enfin, la variable de réalisation cherche à explorer l'existence d'effets et d'influences d'une réception sur les comportements et attitudes.

Les études postcoloniales : questionner le logos *occidental*

Depuis les années 1980, un vaste champ d'études s'est constitué autour des cultures dites subalternes ou postcoloniales (celles des groupes « minoritaires », des colonisés d'hier). Elles déplaçent le regard de la « rationalité de la raison » vers un autre niveau de rationalité, celle des actions affectives, des émotions et des sensibilités. Elles contribuent à soustraire les visions du monde à l'emprise de l'universalisme du *logos* occidental. Ce décentrement est allé de pair avec la réhabilitation des sensibilités indissociables des lieux, des situations géoculturelles où se joue la tension entre le national et la sphère transnationale. Cette mise en avant de l'affectif a conduit les approches de la diversité culturelle à s'interroger sur le lien entre l'identification géoculturelle et la pensée théorique, la production et la transformation des savoirs. Elle a permis de mettre en contexte le désir puissant que l'on ressent dans de nombreux pays du Sud de construire des modes de pensée plus aptes à rendre compte des réalités propres. Comme l'écrit un anthropologue latino-américain enseignant aux États-Unis, « le tiers monde ne produit pas seulement des cultures pour être étudiées par des anthropologues et des ethnohistoriens, mais des intellectuels qui génèrent des théories et réfléchissent sur leur propre culture et leur propre histoire » [Mignolo, 1996]. Ce positionnement épistémologique renvoie à la critique de l'asymétrie des échanges. Négligée par les études culturelles sur la culture de masse, l'histoire a fait retour par le truchement des études culturelles dans le domaine de la littérature, qui ont choisi de remonter à contre-courant du *mainstream* pour aborder la construction de la condition subalterne sur l'échiquier mondial. Une nouvelle génération de chercheurs a entrepris de questionner les imaginaires officiels des identités et histoires nationales [Beverley, 1999].

Ces études postcoloniales se sont développées à partir des questions présentes dans les derniers grands recueils du CCCS [1982]. Prenant appui sur les écrits de Martin Luther King et du Martiniquais Frantz Fanon sur les « Damnés de la terre », Paul Gilroy est un des auteurs les plus significatifs de cet axe d'étude. Sa contribution dans *There Ain't no Black in the Union Jack* [1987] réagit au risque, déjà perçu par Hedbige, d'un ethnocentrisme des travaux sur la culture. Avec d'autres chercheurs noirs britanniques [Mercer, 1994], il explore les styles de vie (sexualités, styles capillaires) et les créations artistiques (musique, cinéma) des communautés noires ou asiatiques du Royaume-Uni. *Black Atlantic* [Gilroy, 1993] exhume l'histoire séculaire et refoulée des circulations humaines, des métissages culturels, des œuvres produites par des créateurs noirs dans un espace migratoire qui connecte l'Afrique, l'Amérique caraïbe et du Nord et l'Europe. Ces coups de projecteur soulignent l'importance d'une diaspora noire, des influences culturelles qu'elle exerce. Gilroy met aussi en discussion les présuposés et les routines moralisatrices de nombre de discours antiracistes. Il souligne surtout la métamorphose du racisme fin de siècle, récusant souvent toute idée de hiérarchie biologique ou génétique entre groupes pour les réintroduire aussitôt sous couvert d'une reconnaissance positive de « différences » culturelles qui ne tardent pas à se reconvertir en hiérarchie des créativités, ou obstacles irrémédiables à un vivre-commun, à une communauté imaginée liant des populations issues de cultures tenues pour inconciliables [*Les Temps modernes*, 1991].

Ces travaux renouent avec les interrogations sur la pluralisation des identités, la cohérence identitaire des individus et groupes. Peut-on penser des diasporas liées à des migrations comme constituant un « nous » ? Avec quelles singularités ? Symétriquement, comment s'opère la structuration du « je » d'agents sociaux marqués par des combinatoires complexes de principes identitaires forts : Britannique musulman d'origine pakistanaise, Français expatrié de longue date en Afrique ou aux États-Unis, immigrés turcs ou bosniaques ?

Questionner les mythologies de l'âge global

Logiques de simplification

Face à une planète dont la complexité n'est pas qu'un slogan commode, les *Cultural Studies* ont relevé les défis du transnational en jouant d'une inflation de métadiscours (et de métaphores), au détriment de la quête d'une théorie de cette complexité. Enfermées dans les contraintes du temps court, sans autre horizon que le décodage du présent où tout semble se jouer, les *Cultural Studies* se sont détournées de l'interrogation sur le sens de l'ordre social et productif en gestation à l'échelle mondiale. Sur ce terrain la conception de l'espace communicationnel mondial revêt une dimension stratégique. Le passage à la vitesse supérieure de l'internationalisation des médias leur a fourni de nouveaux objets de recherche, en même temps qu'elle leur a permis d'étendre leur empire au globe. Leur sortie de l'insularité britannique doit beaucoup à des travaux sur *Dallas* ou *Dynasty*.

Paradoxe ? Oui, car on ne les a guère entendus s'exprimer auparavant sur la question au plus fort des grands débats politiques menés sur les industries culturelles dans les instances de la Communauté européenne ou au cours des bras de fer engagés au sein de l'Unesco par le Mouvement des pays non alignés avec les grands pays industriels en vue du rééquilibrage des flux culturels et d'information mondiaux. Au seuil du XXIe siècle, les *Cultural Studies* sont devenues les références obligées de cet organisme des Nations unies qui s'est vu assigner en 1946 comme champ de compétences « l'éducation, la science et la culture ». Préfaçant le *Rapport sur la culture* de l'an 2000, sous-titré « Diversité culturelle, conflit et pluralisme », ses maîtres d'œuvre se réclament de « l'analyse culturelle, une nouvelle optique de recherche élaborée essentiellement à l'université de Birmingham, et des études ethniques menées aux États-Unis d'Amérique ainsi que dans d'autres pays ». Leur apport qui réside, selon cette publication, dans la perception de la « culture comme lieu de contestation », « lieu de négociation », a ouvert la voie à un nouveau regard politique. Contraste : depuis les années 1980, les prérogatives de l'Unesco, son poids dans la prise de décision en matière culturelle n'ont cessé de se rétrécir au profit d'institutions commerciales ou techniques comme l'Organisation mondiale du commerce (OMC) ou l'Union internationale des télécommunications (UIT). L'Unesco ne semble guère avoir résisté à cette dépossession puisqu'elle a décliné l'offre qui lui était faite par le chef de l'État et le gouvernement français de débattre sur le rapatriement des négociations sur la culture vers son hémicycle.

Caractériser l'espace mondial n'est pas une entreprise aisée. L'historien Fernand Braudel le disait qui, au seuil de ses longs développements sur les notions d'« économie-monde » et de « temps du monde », rappelait à son lecteur : « Or, comme dans tous les débats sérieux, les mots sont rois. » Dans la traversée des frontières effectuée par les *Cultural Studies*, un nouveau point de ralliement est apparu : la « globalisation », un mot que l'on retrouve jusqu'à saturation chez les auteurs les plus divers, et dont la diffusion et l'usage relâchés font un nouveau pont-aux-ânes. La littérature anglo-saxonne parle d'ailleurs ironiquement de *globaloney* — que l'on pourrait rendre par « globaleries » — pour évoquer la façon dont ce débat essentiel dégénère en figure obligée d'un métadiscours avant-gardiste. Les derniers livres du sociologue britannique Anthony Giddens, sa pénétration dans de nombreux pays, son influence sur les études culturelles constituent un témoignage de ces tendances. Le succès de cette sociologie, mêlant patchwork de références, lexique du global et du post, et usage parcimonieux du terrain et des sources primaires, s'explique en large part par le côté mode de ses objets et le fait qu'elle peut être lue sans requérir un grand bagage sociologique. Il est symptomatique que ces pièces montées théoriques accouchent d'une expertise gouvernementale et d'une célébration de la troisième voie blairiste. Presque tout, désormais, est « global », *global event*,

« événement global ». Le dernier arrivé ramasse la mise de tous les mots qui ont historiquement désigné la sphère des échanges entre les diverses économies et les diverses cultures : universel, international, cosmopolite, mondial, planétaire, transnational.

Dès le déferlement des processus de déréglementation, les *Cultural Studies* ont breveté le lexique du global sans les moindres inventaires, interrogation ou soupçon sur l'ambivalence et les ambiguïtés d'un anglicisme qui va essaimer à la vitesse de la lumière vers les langues du monde entier : un comble pour une tradition intellectuelle qui a fait de la traque du discours sa spécialité. Matrice d'une série de notions fétiches, la globalisation campe un décor sans profondeur sociologique. Nouveau paradoxe : les ténors des *Cultural Studies* enseignent non loin des lieux d'énonciation de cette novlangue. Il s'agit des réseaux de la géofinance, emblème d'un marché global totalement fluide à la suite du *Big Bang* boursier de la City en 1984. Il s'agit encore des réseaux publicitaires autobaptisés globaux. Saatchi and Saatchi en est le parfait exemple, qui, tout en gérant les campagnes électorales de Margaret Thatcher et la publicité institutionnelle de son gouvernement, popularise, flanqué de consultants issus de la Harvard Business School et de la revue du même nom, une doctrine sur la « culture globale » et la *global democratic marketplace* à l'adresse du grand public et, surtout, en vue de convaincre la Bourse et les actionnaires des fonds de pension de la justesse de sa stratégie de concentration et de diversification à l'échelle du globe.

Le langage académique s'est révélé perméable aux formules chocs et clichés des techniques de gestion. La surenchère globalisante est allée de pair avec l'appropriation du mot « glocalisation » censé rendre compte de la dialectique fragmentation/globalisation. Or ce mot est issu en droite ligne des théories japonaises du management postfordiste. Il a d'abord été mis en service par les experts du marketing pour désigner la « segmentation » des cibles ou le découpage de grands segments transfrontières de « communautés de consommateurs » réunissant les mêmes « sociostyles », les mêmes modèles de consommation.

Le consommateur roi, héros de la postmodernité

L'un des paradoxes majeurs de l'évolution avant-gardiste des *Cultural Studies* réside dans les convergences contre nature entre leurs problématiques et celles des « évangélistes du marché » et de leurs *think tanks* néo-libéraux tel l'Adam Smith

Institute en Angleterre [Dixon, 1998]. Ces institutions, dont l'objet est de développer une réflexion capable de peser sur les politiques publiques, ont explicitement œuvré au succès de la société promise par la « révolution néo-libérale », ce projet d'un nouvel ordre dans lequel le marché devient l'arbitre essentiel de toutes les transactions.

La fascination des *Cultural Studies* pour la figure du consommateur a relégué au second plan celle du citoyen. Payée du prix fort d'une perte de distance critique, cette dérive a levé les interdits qui empêchaient le libre flux entre l'offre de savoirs savants et la demande des gestionnaires de la *global democratic marketplace*. La radicalité théorique n'a pas préservé les *Cultural Studies* de se voir sollicitées par publicitaires, entrepreneurs, administrations en quête d'outils de maîtrise du social pour la conquête de nouveaux marchés et audiences. La doctrine libre-échangiste de la « souveraineté absolue du consommateur » s'est reconnue dans le profil d'un téléspectateur devenu autonome grâce à son pouvoir intangible de déterminer le sens des programmes. Quant à la problématique de la production des identités, elle a débordé la question de la nation, du genre, de la race et de l'ethnie pour investir l'expertise en matière de culture d'entreprise, d'*ethos* des grandes organisations [Gay, 1996].

La marginalisation du citoyen par le consommateur s'est accomplie aux dépens de l'interrogation sur les acteurs de la production, le marché, l'État et la décomposition/recomposition de l'État-nation, mais aussi sur le nouveau statut de la consommation, de plus en plus intégré aux matrices industrielles du postfordisme. La consommation devient elle-même production d'informations pour le producteur. La mise en exergue graduelle du terme « société civile » exprime aussi ce besoin d'une « boîte noire », cache-misère d'un vide de problématisations. Mythifiée comme espace libéré de la diversité, de la pluralisation des identités fragmentées, cette société civile apparaît comme l'antithèse de l'État-nation-Léviathan en voie d'extinction. Ce « culte de la société civile » [Meiksins Wood, *in* Milliband et Panitch, 1990] délégitime le principe même de politiques publiques volontaristes et le projet de reformulation des politiques culturelles et de communication au niveau national et international. Le rabattement des résistances sur l'acte de consommation, la célébration naïve de la « société de l'information » laissent dans la pénombre l'analyse des groupes économiques, professions et acteurs dont les interactions façonnent les usages et architectures des technologies de la communication et de l'information.

Les « petites histoires »

Autre paradoxe des *Cultural Studies* : leur expansion vers des objets d'une extrême variété s'est accompagnée d'une attention décroissante à des enjeux centraux des processus de production des biens culturels : industries culturelles, politiques publiques en la matière, sociologie du travail des mondes de la culture, poids de l'histoire. Les gains de connaissance bien réels nés de l'attention à des composantes plus diverses de la mosaïque du culturel ont comme contrepartie l'obsession du petit objet, de la banalité des petites histoires dans l'amnésie des mécanismes sociaux qui président à leur production.

La culture, spécialement mais pas seulement en France, est aussi objet de politiques publiques. Elles peuvent prendre la forme des initiatives de Malraux en matière de maisons de la culture, de développement des réseaux numériques, du prix unique du livre. Elles existent aussi à l'échelle internationale à travers les débats sur l'exception culturelle, les réglementations de la diffusion des télévisions par satellites. Le débat récurrent sur la « démocratisation culturelle » dit assez les enjeux de ces politiques. Or, si des travaux existent sur ces questions essentielles, ils se développent en science politique, en sociologie de la culture, dans le domaine des sciences de la communication mais n'émanent — ou ne sont simplement invoqués — que fort rarement par les *Cultural Studies*, au point qu'on puisse chercher vainement un ouvrage de référence en la matière provenant dans leur production. Cette liste des abonnés absents de la réflexion peut aussi intégrer ce que l'on peut qualifier comme une sociologie du travail culturel : analyses morphologiques des producteurs culturels, naissance et recomposition de professions, modalités de la division du travail. Combinant une enquête sur les filières de formation, la répartition des rôles entre hommes et femmes, de nombreux entretiens avec les professionnels, une analyse des tensions entre créativité artistique et impératifs commerciaux, le travail d'Angela McRobbie [1998] sur le monde social des créateurs et entreprises de mode vestimentaire britanniques constitue une exception remarquable à ce qui constitue un autre impensé du gros de la littérature.

Le projet d'histoire sociale est aussi oublié. Malgré des contributions comme celle de Gilroy [1993], les *Cultural Studies* n'ont pu que considérer le double mouvement d'unification du monde et d'hétérogénéité culturelle comme remontant tout au plus à une ou deux décennies. Or il s'agit d'un processus inscrit dans la longue durée du développement capitaliste, qui, à travers des asymétries, des survivances, des diversions, des régressions, se construit dans les imaginaires comme dans les réalités depuis que les Européens ont effectué leur « prise du monde » avec la conquête des Amériques, moment du coup d'envoi au projet universaliste de la modernité occidentale [A. Mattelart, 1999]. Comme le rappelait l'historien Marc Ferro [1999], « l'idée domine que nous sommes entrés dans une nouvelle ère historique, celle de la mondialisation. Pourtant ne s'agit-il pas d'une simple illusion d'optique ? Car le mouvement d'unification du monde est apparu très antérieurement, même si récemment il s'est étendu et s'est développé à un rythme accéléré ». On sait que les pionniers des sciences humaines et sociales comme Durkheim, Mauss, Tarde puis Elias mettaient déjà l'accent sur la longue durée en œuvre dans la mondialisation des échanges matériels et symboliques, la diversité des cultures.

Le procès intenté par le postmodernisme au « péché historiographique de la modernité » couronne les perceptions a-historiques et atopiques du moment présent. Ramenée à un langage, à une « représentation », à la « narrativisation » de l'immédiateté événementielle, l'histoire s'aplatit au profit de micro-objets (Barbie, Madonna, Mc Do), de « petites histoires » que l'on se refuse à hiérarchiser et à intégrer dans un discours d'ensemble. À l'instar des autres catégories postmodernes du « trivial », du « faible », du « léger », qui valent aussi bien pour le concept, la conduite que le choix des objets de l'observation empirique (quand elle subsiste), le « petit » invite à laisser les « arguments forts » aux mains du macro-sujet autoritaire. En décrétant la fin des catégories abstraites (Peuple, Nation, État, Classe, Capital, etc.) et des schémas d'interprétation dualistes (oppresseur/opprimé, centre/périphérie, etc.), l'outillage conceptuel postmoderne a refoulé de son horizon ethnocentrique — et pour tout dire de classe moyenne emblématique d'une « globalisation » et d'une « culture globale » à deux vitesses — la vision de la planète et de son histoire comme « système baroque » (Merleau-Ponty). Une planète où les logiques asymétriques font que coexistent et s'interpénètrent les formes anciennes de l'oppression, de l'humiliation et de l'exploitation et les nouvelles formes d'hégémonie et de contrôle social à l'ère numérique, les survivances de formes éprouvées de revendication et de rébellion contre les pouvoirs et les dynamiques novatrices de la désobéissance civile à l'ère des mouvements sociaux et de leurs mobilisations réticulaires.

Madonna-logie ?

« Some boys kiss me, some boys miss me

I think they are OK

But it's the boy with cold, hard cash

Who makes my rainy day

Refrain : For we're living in a material world

And I'm a material girl. »

(*Material Girl*)

Icône de la variété internationale, la chanteuse Madonna fait l'objet d'une prolifération de livres, textes, cours et colloques, au point qu'on puisse ironiser sur la naissance d'une Madonnalogie (comme aussi d'une Dianalogie). Ayant écrit sur Donald le canard [Dorfman et Mattelart, 1977] et les aventures de SAS [Neveu, 1985], nous sommes peu suspects de légitimisme. De « petits » objets culturels, spécialement lorsqu'ils sont massivement consommés, peuvent déboucher sur de « grandes » questions. La stratégie en ce sens suppose un sérieux travail d'enquête, l'analyse des contenus, logiques de production, de diffusion et réception, spécialement quant à leurs possibles impacts idéologiques. Dans le cas de Madonna, la rhétorique scientifique la plus usitée consiste davantage à plaquer sur des données empiriques superficielles un corpus de références théoriques surdimensionnées dont le résultat oscille entre généralité vague et emphase baroque.

Dès 1989, John Fiske soutient que si, par ses mises en scène et ses textes, Madonna peut apparaître comme véhiculant une image de la femme conforme au modèle « hégémonique » d'un « capitalisme patriarcal », le potentiel critique des fans aboutit à faire des œuvres de l'artiste le site d'une « lutte sémiotique » capable de détourner et déconstruire ces représentations. La palme de la sophistication revient assurément à Joseph Roach [1994], qui met en relation les textes de Madonna et une pièce de théâtre anglaise du XVIIe siècle pour saisir continuités et ruptures dans la vision de la condition féminine. Déjà analysée par plusieurs Madonnalogues, la chanson *Material Girl* fait spécialement l'objet de ses commentaires. Prenant appui sur rien de moins que Lévi-Strauss, Mauss, Braudel et l'anthropologie féministe, l'auteur souligne alors le sens de ces paroles quant au rôle social de l'échange des femmes, à une économie du lien conjugal.

Si certains auteurs, comme Douglas Kellner, interrogent l'impact de Madonna en matière de promotion commerciale de modes vestimentaires ou cosmétiques, la tendance dominante de ces travaux consiste à mettre en évidence, tantôt dans les prestations de la chanteuse, tantôt, dans les réactions de ses fans, une composante subversive. Dans *Outlaw Culture* [1994], Bell Hooks voit dans ses transgressions de frontières entre stéréotypes féminins et masculins un appui objectif de Madonna aux féministes. D'autres, plus audacieux, lui prêtent de « rejeter le cœur des épistémés bourgeoises » (*sic*)... subversion pour laquelle Time-Warner aura consenti un investissement de 60 millions de dollars pour les droits sur l'œuvre de l'artiste.

Explorer de nouvelles interdisciplinarités

Immigrations, diasporas, mixtes culturels

Les dimensions culturelles du déracinement et de la mobilité spatiale liés à l'immigration ou à une fragmentation croissante des espaces de vie constituent probablement l'un des domaines d'invention et d'avancement des savoirs. L'un des seuls aussi où le programme de recherches de Birmingham demeure respecté : enquêtes et ethnographies en profondeur, sensibilité empathique mais non célébratrice aux cultures populaires, questionnement sur leurs incidences politiques, même si la marginalisation des références marxistes fait glisser ici le lexique de résistance et subversion vers citoyenneté et espace public.

La question des diasporas, des immigrations et de la mobilité spatiale est essentielle en ce qu'elle permet une approche concrète des formes et effets de la mondialisation, ouvre aux chercheurs un terrain qui permette autre chose que des analyses de textes. Elle est aussi le lieu d'une confrontation à de nouvelles mythologies sociales. L'hydre du « multiculturarisme » en est un cas majeur.

Les travaux sur les diasporas se sont multipliés depuis les années 1990. Pour n'en citer qu'une illustration, les enquêtes conduites par Kevin Robins [2001], en coopération avec la chercheuse turque Asu Aksoy [2000], sur la manière dont les immigrés turcs combinent utilisation des médias propres à leur pays d'accueil et suivi de programmes issus de la mère patrie à l'aide de chaînes satellitaires sont particulièrement stimulantes. Aksoy et Robins retrouvent dans les discours suscités par la diffusion de réseaux turcophones en Allemagne et au Royaume-Uni les deux polarités de la vulgate multiculturaliste : la dénonciation d'une offre qui va enfermer les Turcs dans un ghetto communautaire, la perception plus positive que ces médias vont être le lien d'une communauté imaginée, d'une diaspora turque. Les entretiens révéleront la vacuité de ces representations. L'examen de l'offre montre d'abord que loin d'exprimer une « turquité » monolithique, les chaînes-satellite (qui ont d'abord émis illégalement vers la Turquie) ont au contraire été à l'origine d'un ébranlement complet du modèle officiel, kémaliste, d'identité turque, en mettant en scène la diversité religieuse, culturelle, linguistique (Kurdes), bref en allant radicalement à l'inverse de la réification d'une communauté imaginée homogène. Les pratiques des immigrés malmènent aussi les *a priori* multiculturalistes. Au fil de véritables

Le multiculturalisme comme idéologie

L'hétérogénéité croissante des modèles culturels que stimule le développement de la mobilité spatiale et des communautés immigrées, leur coprésence dans l'espace urbain ont contribué à la fortune de la notion caoutchouteuse de « multiculturalisme ». Elle renvoie plutôt en Amérique du Nord à une idée de respect des cultures des minorités ou des immigrés, à des politiques publiques en ce sens [Constant, 2000]. En France, elle réussit paradoxalement à susciter l'animosité des tenants d'une identité culturelle française conservatrice, en même temps que celle d'intellectuels de gauche attachés à l'universalisme du modèle républicain, au refus d'un « communautarisme » qui serait typique du monde anglo-saxon.

Si elle signale un des enjeux pratiques de la mondialisation, cette notion molle est plus mystifiante qu'éclairante, que l'on s'en réclame ou s'en alarme. Dans un repérage des éléments de la « vulgate planétaire », les sociologues Pierre Bourdieu et Loïc Wacquant [2000] épinglent ce « multiculturalisme américain » et son exportation à travers le monde : « Ce n'est ni un concept, ni une théorie, ni un mouvement social ou politique — tout en prétendant être tout cela à la fois. C'est un discours écran dont le statut intellectuel résulte d'un gigantesque effet d'*allodoxia* (le fait de prendre une chose pour une autre) national et international qui trompe ceux qui en sont comme ceux qui n'en sont pas. » Ce discours écran souffre de trois vices : le « groupisme » qui « réifie les divisions sociales canonisées par la bureaucratie étatique en principe de connaissance et de revendication politique » ; le « populisme » qui « remplace l'analyse des structures et des mécanismes de domination par la "célébration de la culture des dominés et de leur 'point de vue' élevé au rang de proto-théorie en acte" » ; le « moralisme » « qui fait obstacle à l'application d'un sain matérialisme rationnel dans l'analyse du monde social et économique et condamne ici à un débat sans fin ni effets sur la nécessaire "reconnaissance des identités", alors que, dans la triste réalité de tous les jours, le problème ne se situe nullement à ce niveau », mais dans les inégalités pratiques d'accès au système scolaire, au travail, aux soins médicaux.

Dans un travail sur les polémiques autour du « multiculturalisme » et les fantasmes de « latinisation » culturelle des États-Unis, le politiste James Cohen [2000] suggère de son côté la part irrationnelle d'une vision des cultures de l'immigration (*Latinos* aux États-Unis) comme chevaux de Troie d'une menaçante altérité culturelle : « À trop vouloir construire la question *latino* comme une question de "diversité culturelle", on en oublie que les tensions sociales et politiques de demain auront pour terreau principal le développement fulgurant de la précarité socioéconomique chez des millions de *Latinos* regroupés dans des *barrios*, de Los Angeles à New York. »

---

parcours de socialisation, le poids des médias turcs et de ceux du pays d'accueil varie dans des proportions énormes. Les plus assidus devant les réseaux turcs peuvent aussi être les plus critiques de leur style paillette, d'autres Turcs se disent fascinés par le réseau Channel Four. Une autre Turque interrogée à Londres admet regarder des réseaux turcs, jamais les britanniques. Seraitelle captive d'une bulle culturelle turcophone ? Non, puisqu'elle lit assidûment la presse écrite anglaise et fréquente principalement des Britanniques. Sans nier leurs apports, Robins et Aksoy invitent à prendre distance de notions comme « communauté imaginée », « identités » si elles supposent une forme de cohérence obligée, de claire dominante culturelle. L'enjeu devient l'exploration d'« espaces mentaux », des déplacements, des constructions de refuges identitaires qui basculent d'un univers culturel à un autre, les combinent, les cloisonnent, toutes opérations étrangères à une monoculture de l'identité ou des investissements culturels. C'est encore ce filon, « lieu, espace et identité dans un monde médiatisé », qu'explorent les plus récents travaux de Morley [2001]. Il questionne lui aussi les réactions que suscitent les migrations et la mobilité spatiale, qu'elles prennent la forme de « paniques identitaires » chez ceux qui s'alarment de ce brassage venu du dehors, ou qu'il s'agisse du rapport vécu à cette mobilité. Aux risques d'excès d'homogénéité que peuvent suggérer de nombreuses visions de l'identité, il invite à substituer une approche compréhensive des « appartenances » plurielles des agents sociaux, à penser les hybridations culturelles.

La géographie culturelle comme ouverture

L'invite d'Aksoy et Robins à considérer des espaces mentaux est prise au mot dans l'essor des échanges entre géographes et spécialistes d'études culturelles. Certains chercheurs anglophones ont contribué à un processus international de rapprochement entre géographie et sciences sociales, développant une géographie humaine qui ne se limitait ni à de la démographie, ni à une morphologie des habitats pour penser l'articulation entre relations sociales et structures spatiales [Gregory et Urry, 1985]. Cette veine de recherche a connu d'importants développements depuis une dizaine d'années. Les travaux peuvent porter sur la manière dont l'espace urbain — celui des villes occidentales, mais aussi des mégalopoles des Suds — est approprié, fonctionne comme une ressource ou un handicap pour des groupes ethniques, des catégories d'âge. Ils portent aussi sur la manière dont la tertiarisation des emplois, la dévitalisation d'industries traditionnelles, la gentryfication des centres urbains recomposent les sociabilités, affectent les styles de vie. C'est aussi dans cet horizon que s'inscrit une partie des travaux les plus novateurs. On y mentionnera John Urry et son originale mise en perspective d'un « regard de touriste » [1990] sur le monde urbain et les paysages. Il souligne l'omniprésence et l'institutionnalisation de filtres et de modes de perception qui surchargent culturellement jusqu'aux plus ordinaires des paysages urbains ou naturels, transformant la quotidienneté en un grand rébus où reconnaître *Germinal* et l'histoire ouvrière derrière les friches industrielles d'un puits de charbon abandonné, où chercher Swann et la Littérature à majuscule dans les rues sans grand charme d'Illiers, rebaptisé Combray. Les œuvres novatrices ne se bornent pas aux seules thématiques énumérées ici, comme le montre le travail de Gartman [1994] sur une histoire sociale du design automobile aux États-Unis, qui est aussi une histoire des fantasmes sociaux que cristallise l'automobile. La sociologue Sharon Zukin [1995] explore, elle, les relations entre culture et ville. L'ouverture d'un musée, les modèles d'aménagement de l'espace des parcs Disney, la sociabilité propre aux artistes, le commerce des biens culturels révèlent ici les manières très concrètes dont ils modèlent l'espace urbain.

Insister sur la qualité de ces pôles de renouveau suppose aussi un aveu : s'ils peuvent écrire dans des revues de *Cultural Studies*, la plupart des auteurs mentionnés ici ne revendiquent pas ou plus le statut de membre de la tribu ! Un chassé-croisé paradoxal s'observe. D'un côté, une large part des chercheurs se revendiquant des *Cultural Studies* s'emploie, parfois au prix d'impudentes réécritures de l'histoire, à refouler une part de la généalogie de la discipline, à revaloriser un élitisme théoriciste et une orientation vers les textes contre lesquels s'était constitué ce mouvement. Symétriquement, d'autres chercheurs répugnent à s'identifier à des *Cultural Studies* dont les évolutions rendent désormais le parrainage encombrant. Et l'une des revues qui produisent aujourd'hui à la fois des contributions très proches des objets et de l'esprit de Birmingham et une critique décapante des dérives des *Cultural Studies* [Storper, 2001] est *l'International Journal of Urban and Regional Research*, produit par des politistes, sociologues et géographes.

Tout se passe comme si, contre les dérives et effets d'institutionnalisation des *Cultural Studies*, une prise de distance à leur égard s'imposait comme moyen de préserver un projet critique attentif aux enjeux sociaux et politiques du culturel. L'explication par le champ académique ne doit cependant pas être exagérée. Derrière les questions sur qui parle du culturel ? d'où ? comment ? c'est tout le statut contemporain de la culture qu'il faut finalement questionner.

Conclusion

Si la revendication du regard culturel pouvait constituer encore l'exclusivité d'une vision critique de la société lors de l'âge d'or des *Cultural Studies*, il n'en est plus de même à l'aube du XXIe siècle. L'attention à la dimension culturelle du processus d'intégration mondiale et des phénomènes de dissociation qui en sont l'envers est le fait d'acteurs si divers que la signification de la culture comme instrument de pensée libre, comme technique de défense contre toutes les formes de pressions et d'abus de pouvoir symboliques, y est devenue, sinon marginale, secondaire. S'est imposée peu à peu une notion de culture instrumentale, fonctionnelle par rapport au besoin de régulation sociale du nouvel ordre mondial sous le coup des nouveaux impératifs de la gestion symbolique des citoyens et des consommateurs par les États et les grandes unités économiques. Ce télescopage permanent du sens rend toute approche de la culture, des cultures et de leur diversité profondément ambiguë.

En glissant de l'Unesco vers l'Organisation mondiale du commerce (OMC), les débats sur la culture et la légitimité des politiques culturelles ont basculé dans l'aire des négociations sur les « services ». La question du statut des marchandises culturelles est désormais du domaine de la géopolitique et de la géoéconomie. Dans ce trajet, la notion de « diversité culturelle » s'est métamorphosée en pluralité de l'offre des produits et services sur un marché mondial concurrentiel, techniquement à même de produire de la diversité au sein même de la standardisation de masse. C'est ce qui permit à Jean-Marie Messier, ex-patron de Vivendi-Universal, de se faire en 2001 le champion de la « diversité culturelle » et le pourfendeur de l'exception culturelle.

Les réseaux et industries de la culture et de la communication sont au principe de nouvelles formes de construction de l'hégémonie. C'est pourquoi les conflits autour de l'exception culturelle, du droit moral des auteurs, de la « gouvernance » du cyberespace ont acquis un tel relief stratégique. Cette nouvelle centralité du culturel est entérinée par la notion de *soft power*, toute forme de pouvoir ne recourant pas à la force, et participe de la capacité que possède la puissance dominante à fixer l'ordre du jour de telle sorte qu'elle modèle les préférences des autres nations. Inconcevable sans la montée en puissance de l'arme culturelle, informationnelle et linguistique, le *soft power*, euphémisme qu'il faudrait traduire par l'expression moins molle de « dispositif de violence symbolique », se voit assigner la tâche de cultiver le désir d'un ordre planétaire structuré selon les valeurs de la *global democratic marketplace*. La maîtrise des nouveaux réseaux, l'*information dominance*, va permettre de rentabiliser les investissements en matière de représentations du monde que, depuis plus d'un demi-siècle — parfois, et plus spécialement en temps de crise, par la propagande, le plus souvent de manière métabolique, comme un ressort naturel du système social, et à l'écart de tout complot — ladite « culture globale » a réalisés de par le monde, « alphabétisant » les consommateurs, les socialisant à un mode de vie « global ». Que cette distillation au quotidien de ces valeurs orientées ait aussi engendré des antidotes, des ripostes, des acculturations contradictoires n'enlève rien au fait de l'instauration d'une mentalité collective, d'un horizon d'expectatives et de frustrations croissantes.

À l'opposé, les luttes sociales et politiques inaugurées par les mouvements antiglobalisation ont, elles aussi, mis la culture et la diversité culturelle au centre de leur voie vers un « autre monde possible ». La culture n'étant pas une denrée comme les autres, ces nouveaux protagonistes à vocation planétaire mais ancrés dans un lieu sociohistorique exigent qu'elle soit considérée comme « bien public commun » à l'instar de l'éducation, de l'environnement, de l'eau et de la santé. Il est significatif que la culture comme l'agriculture soient toutes deux devenues des secteurs hautement sensibles du débat au sein du nouveau cycle de négociations lancé en 1999 par l'OMC. Au-delà de leurs enjeux économiques, la souveraineté ou la sécurité alimentaire et l'exception ou la diversité culturelle touchent directement au mode d'organisation des sociétés. C'est à ce titre qu'elles se veulent toutes deux des luttes culturelles à part entière. Elles ouvrent des stratégies d'occupation d'un espace de réflexion et d'interventions qu'avaient laissé vide les conceptions économistes de la culture et du changement social. Les mobilisations politiques contre la mondialisation ultralibérale, les échecs auxquels cette dernière se heurte ont aussi affecté, sous toutes les latitudes, les conditions de travail des chercheurs, en leur soumettant de nouveaux questionnements, en rouvrant des possibilités qu'on croyait enfuies d'articulation entre travail intellectuel et engagement social.

L'analyse du culturel demeure une priorité dans le monde tel qu'il est. Trois vœux, pas forcément pieux, suggèrent la manière dont des *Cultural Studies* renouvelées peuvent s'y atteler. Le premier serait de renouer avec le « matérialisme culturel » exploré par E. P. Thompson et R. Williams, d'articuler la finesse des topologies du symbolique à ces principes de réalité que sont le sociologique et l'économique. Le deuxième serait de rompre avec tous les postacadémismes, d'accepter le défi de la rupture avec les modes théoriques et les objets routinisés. Le dernier serait de s'ouvrir à l'*aggiornamento* des lignes et frontières disciplinaires que requièrent tant l'évolution du monde que celle des territoires universitaires.

Repères bibliographiques

L'astérisque * signale des ouvrages qui constituent des « classiques » ou des références particulièrement abouties de la production des *Cultural Studies*, ou à leur propos.

AHAERNE J. (1995), *Michel de Certeau. Interpretation and its Others*, Cambridge, Polity Press.*

ALLASUUTARI P. (1999), « Cultural Studies as a Construct », *European Journal of Cultural Studies*, vol. 2 (1), p. 65-89.

ANG I. (1985a), *Watching « Dallas »*, Londres, Methuen.*

ANG I. (1985b), « The Battle between Television and its Audience : The Politics of Watching Television », *in* R. PATTERSON et P. DRUMMOND (eds), *Television in Transition*, Londres, British Film Institute.

ANG I. (1990), « Culture and Communication : Towards an Ethnographic Critique of Media Consumption in the Transnational Media System », *European Journal of Communication*, vol. 5, p. 239-260.

ANG I. (1996), *Living Room Wars. Rethinking Media Audiences for a Postmodern World*, Londres, Routledge.

ANG I. et HERMES J. (1991), « Gender and/in Media Consumption », *in* J. CURRAN et M. GUREVITCH (eds), *Mass Media and Society*, Londres, Arnold.

ARNOLD M. (1993 [1869]), *Culture and Anarchy and Other Writings*, Cambridge University Press.

AUGÉ M. (1994), *Pour une anthropologie des mondes contemporains*, Paris, Aubier.

BARKER C. (2000), *Cultural Studies. Theory and Practice*, Londres, Sage.

BEAUD P. (1984), *La Société de connivence. Média, médiations et classes sociales*, Paris, Aubier.

BECKER H. (1985 [1963]), *Outsiders*, Paris, Métailié.

BEVERLEY J. (1999), *Subalternity and Representation*, Durham et

Londres, Duke University Press.*
BLUNDELL V., SHEPHERD J. et TAYLOR I. (eds) (1993), *Relocating Cultural Studies. Developments in Theory and Research*, Londres, Routledge.
BOURDIEU P. (1979), *La Distinction. Critique sociale du jugement*, Paris, Minuit.
BOURDIEU P. et COLEMAN J. (eds) (1991), *Social Theory for a Changing Society*, Boulder, Westview Press.
BOURDIEU P. et WACQUANT L. (2000), « La vulgate planétaire », *Le Monde diplomatique*, avril.
BRANTLINGER P. (1990), *Crusoe's Footprints, Cultural studies in Britain and America*, Londres, Routledge.*
BRICMONT J. et SOKAL A. (1997), *Impostures intellectuelles*, Paris, Odile Jacob.
BROWN M. E. (ed.) (1990), *Television and Women's Culture : The Politics of Popular*, Londres, Sage.
BRUNSDON C., ACCI J. (D') et SPIGEL L. (ed.) (1997), *Feminist Television Criticism*, Oxford, Clarendon Press.*
BRUNSDON C. et MORLEY D. (1999), *The « Nationwide » Studies*, Londres, Routledge. *
CARLYLE T. (1910 [1840]), *Lectures on Heroes, Hero-Worship and the Heroic in History*, Oxford, The Clarendon Press.
CASANOVA P. (1999) *La République mondiale des lettres*, Paris, Seuil.
CENTER FOR CONTEMPORARY CULTURAL STUDIES (1982), *The Empire Strikes Back : Race and Racism in 70's Britain*, Londres, Hutchinson.*
CERTEAU M. DE (1980), *L'Invention du quotidien. Arts de faire*, Paris, Éditions 10/18.
CHANEY D. (1994), *The Cultural Turn. Scene-setting Essays on Contemporary Cultural History*, Londres, Routledge.*
COHEN J. (2000), « La "latinisation" des États-Unis : clivages sociaux et faux-semblants culturels », *Actuel Marx*, n° 27.
COHEN S. (1987 [1972]), *Folk Devils and Moral Panics. The Invention of the Mods and Rockers*, Londres, Blackwell.
COHEN S. et TAYLOR L. (1992 [1976]), *Escape Attempts. The Theory and Practice of Resistance to Everyday Life*, Londres, Routledge.
COLLINI S. (1991), *Public Moralists. Political Thought and Intellectual Life in Britain, 1850-1930*, Oxford, Clarendon Press.
CONSTANT F. (2000), *Le Multiculturalisme*, Paris, Flammarion.
CUCHE D. (1996), *La Notion de culture dans les sciences sociales*, La Découverte, « Repères », nouv. éd. 2001.
DAHLGREN P. (1988), « What's the Meaning of This ? Viewers' Plural Sense-making of TV News », *Media, Culture and Society*, vol. 10, n° 3, p. 285-301.
DAVIES I. (1995), *Cultural Studies and Beyond. Fragments of Empire*, Londres, Routledge.
DIXON K. (1998), *Les Évangélistes du marché. Les intellectuels britanniques et le néolibéralisme*, Paris, Raisons d'agir.

DORFMAN A. et MATTELART A. (1977 [1971]), *Donald l'imposteur ou l'impérialisme raconté aux enfants*, Paris, A. Moreau.
DURING S. (1999), *The Cultural Studies Reader*, Londres, Routledge.
EAGLETON T. (1994 [1983]), *Critique et théorie littéraires : une introduction*, Paris, PUF.
ESTEINOU J. (1997), « Investigación de la comunicación, leyes de mercado y final de siglo », Guadalajara, *Comunicación y Sociedad*, nº 30.
FERGUSON M. et GOLDING P. (eds) (1997), *Cultural Studies in Question*, Londres, Sage.
FERRO M. (1999), « Le futur au miroir du passé », *Le Monde diplomatique*, septembre.
FISKE J. (1987), *Television Culture*, Londres, Methuen.
FORD A. (1999), *La marca de la bestia*, Buenos Aires, Editorial Norma.
FRITH S. (1983), *Sound Effects. Youth, Leisure and the Politics of Rock'n'roll*, Londres, Constable.*
GALLAGHER M. (1992), « Women and Men in the Media », *Communication Research Trends*, vol. 12, nº 1.
GAMMAN L. et MARSHMENT M. (eds) (1988), *The Female Gaze : Women as Viewers of Popular Culture*, Londres, Women's Press.
GARNHAM N. (1979), « Contribution to a Political Economy of Mass-communication », *Media, Culture and Society*, vol. 1 (2).
GARNHAM N. (1983), « Toward a Theory of Cultural Materialism », *Journal of Communication*, vol. 33 (3).*
GARNHAM N. et WILLIAMS R. (1980), « Pierre Bourdieu and the Sociology of Culture : an Introduction », *Media, Culture and Society*, vol. 2 (3).
GARTMAN D. (1994), *Auto Opium : A Social History of American Automobile Design*, Routledge, Londres.
GEERTZ C. (1973), *The Interpretation of Cultures*, New York, Basic Books.
GILROY P. (1987), *There Ain't no Black in the Union Jack*, Londres, Hutchinson.*
GILROY P. (1993), *The Black Atlantic. Modernity and Double Consciousness*, Londres, Verso.*
GITLIN T. (1978), « Media Sociology : The Dominant Paradigm », *Theory and Society*, vol. 6, p. 205-253.
GOLDTHORPE J. et LOCKWOOD D. (1972 [1968]), *L'Ouvrier de l'abondance*, Paris, Seuil.
GREGORY D. et URRY J. (1985), *Social Relations and Spatial Structures*, Londres, McMillan.
GRIGNON C. et PASSERON J.-C. (1989), *Le Savant et le Populaire*, Paris, Seuil-Gallimard.
GRIPSRUD J. (1995), *The « Dynasty » Years, Hollywood Television and Critical Media Studies*, Londres, Routledge.
GROSSBERG L. (1996), « The Space of Culture, the Power of Space », *in* I. CHAMBERS et L. CURTI (eds), *The Post-Colonial Question*, Londres, Routledge.
GUINSBERG E. (2001), « Los estudios e investigaciones en comunicación en nuestros tiempos neoliberales y posmodernos », *Anuario de la*

investigacion de la comunicación 2000, Mexico, CONEICC.
HALL S. (1994 [1977]), « Codage-décodage », *Réseaux*, nº 68, p. 27-39.
HALL S. et JEFFERSON T. (eds) (1993 [1975]), *Resistance Through Rituals*, Londres, Routledge.*
HALL S., CRITCHER C. et JEFFERSON T. (1978), *Policing the Crisis. « Mugging », the State and Law and Order*, Londres, Macmillan.*
HALL S., HOBSON D., LOWE A. et WILLIS P. (eds) (1980), *Culture, Media, Language*, Londres, Hutchinson.*
HALL S. et JACQUES M. (eds) (1990), *New Times : The Changing Face of Politics in the 1990's*, Londres, Lawrence and Wishart.
HALL S. et DU GAY P. (eds) (1996), *Questions of Cultural Identity*, Londres, Sage.
HEBDIGE D. (1979), *Subcultures. The Meaning of Style*, Londres, Methuen.*
HEBDIGE D. (1988), *Hiding in the Light*, Londres, Routledge.
Hermès (1993), « À la recherche du public », nº 11-12.
Hermès (2001), « Amérique latine, cultures et communication », nº 28.
HOGGART R. (1970, [1957]), *La Culture du pauvre* (présentation de J.-C. Passeron), Paris, Minuit.*
HOGGART R. (1973), *Speaking to Each Other, vol 1. About Society*, Londres, Pelican Books.
HOGGART R. (1991), *33, Newport Street*, Paris, Gallimard-Seuil.*
HOOKS B. (1994), *Outlaw Culture*, Londres, Routledge.
JACKS N. et TUFTE T. (1998), « Entrevista con James Lull », Buenos Aires, *Causas y Azares*, nº 7.
JENNINGS H. (1985), *Pandaemonium*, Londres, Papermac.
JOUET J. (2000), « Retour critique sur la sociologie des usages », *Réseaux*, nº 100, p. 487-521.
KALIMAN K. J. (2000), « Sobre la definición de lo "interesante" en los estudios culturales latinoamericanos », Barcelone-Buenos Aires, *Voces y Culturas*, nº 16.
KATZ E. (1990), « À propos des médias et de leurs effets », *in* L. SFEZ et G. COUTLEE (dir.), *Technologies et symboliques de la communication*, Grenoble, PUG.
KATZ E. et LIEBES T. (1993), *The Export of Meaning. Cross-Cultural Readings of « Dallas »*, Londres, Polity Press.
KENNY M. (1995), *The First New Left. British Intellectuals after Stalin*, Londres, Lawrence and Wishart.
LACLAU E. (1977), *Politics and Ideology in Marxist Theory*, Londres, New Left Books.
LACLAU E. et MOUFFE C. (1985), *Hegemony and Socialist Strategy*, Londres, Verso.
LEAVIS F. R. et THOMPSON D. (1932), *Culture and Environment*, Londres, Chatto and Windus.*
LEPENNIES W. (1991 [1985]), *Les Trois Cultures*, Éditions de la Maison des sciences de l'homme.
LEWIS J. (2002), *Cultural Studies. The Basics*, Londres, Routledge.

LULL J. (1980), « The Social Uses of Television », *Human Communication Research*, vol. 6, n.° 3.

LULL J. (ed.) (1988), *World Families Watch Television*, Londres, Sage.

LULL J. (1990), *Inside Family Viewing : Ethnographic Research on Television's Audiences*, Londres, Routledge.

MARTIN BARBERO J. (2002 [1987]), *Des médias aux médiations. Communication, culture et hégémonie*, Paris, CNRS.

MATTELART A. (1999, Poche 2000), *Histoire de l'utopie planétaire. De la cité prophétique à la société globale*, Paris, La Découverte.

MATTELART A. et. MATTELART M. (1986), *Penser les médias*, Paris, La Découverte.

MATTELART A. et. MATTELART M. (1995), *Histoire des théories de la communication*, Paris, La Découverte, « Repères », 3e éd. 2002.

MATTELART M. (1986), *Women, Media and Crisis*, Londres, Comedia.

MATTELART M. (2003), « Femmes et médias : retour sur une problématique », *Réseaux*, n° 121.

MATTELART M. et MATTELART A. (1987), *Le Carnaval des images. La fiction brésilienne*, Paris, INA/Documentation française.

MATTELART M. et PICCINI M. (1974), « La televisión et los sectores populares », Buenos Aires, *Comunicación y Cultura*, n° 2.

MATTELART T. (dir.) (2002), *La Mondialisation des médias contre la censure*, Paris-Bruxelles, INA-De Boeck.

MCROBBIE A. (1998), *British Fashion Design : Rag Trade or Image Industry*, Londres, Routledge.*

Media, Culture and Society (2002), « "Globalization" and Identity », vol. 24 (5).

MELLOR A. (1992), « Discipline and Punish ? Cultural Studies at the Crossroads », *Media, Culture and Society*, vol. 14, p. 663-670.

MERCER K. (1994), *Welcome to the Jungle*, Londres, Routledge.

MIEGE B. (2000), *Les Industries du contenu face à l'ordre communicationnel*, Grenoble, PUG.

MIGNOLO W. D. (1996), « Los estudios subalternos : son posmodernos o poscoloniales ? La politica y las sensibilidades de las ubicaciones geoculturales », *Casa de las Americas*, n° 204.

MILLIBAND R. et PANITCH L. (eds) (1990), *The Retreat of the Intellectuals*, Londres, Merlin Press.

MILLS C. W. (1967 [1958]), *L'Imagination sociologique*, Paris, Maspero (La Découverte/poche, 1997).

MOORES S. (1993), *Interpreting Audiences*, Londres, Sage.

MORLEY D. (1986), *Family Television : Cultural Power and Domestic Leisure*, Londres, Methuen.

MORLEY D. (1992), *Television Audiences and Cultural Studies*, Londres, Routledge.*

MORLEY D. (1993), « Active Audience Theory : Pendulums and Pitfalls », *Journal of Communication*, n° 4, p. 13-19.

MORLEY D. (2001), « Belongings : Place, Space and Identity in a Mediated World », *European Journal of Cultural Studies*, vol. 4 (4), p. 425-448.

MORLEY D. et Robins K. (1995), *Spaces of Identity*, Londres, Routledge.

MORLEY D. et KUAN-HSING CHEN (eds) (1996), *Stuart Hall. Critical Dialogues in Cultural Studies*, Londres, Routledge.

MORRIS M. (1986), « Politics Now (Anxieties of a Petit-Bourgeois Intellectual) », *Framework*, n° 32-33.

MORRIS W. (1996), *L'Âge de l'ersatz et autres textes contre la civilisation moderne*, Paris, Éditions de l'Encyclopédie des nuisances.

MOSCO V. (1996), *The Political Economy of Communication*, Londres, Sage.

MULVEY L. (1975), « Virtual Pleasure and the Narrative Cinema », *Screen*, vol. 16 (3).*

MUNT I. (1994), « The "Other" Postmodern Tourism », *Theory, Culture and Society*, vol. 11 (3), p. 101-123.

NEVEU E. (1985), *L'Idéologie dans le roman d'espionnage*, Paris, Presses de Sciences Po.

NEVEU E. (2002a), *Sociologie des mouvements sociaux*, Paris, La Découverte, « Repères », 3e éd. 2002.

NEVEU E. (2002b), « La ligne Paris-Londres des *Cultural Studies* : une voie à sens unique ? », *Bulletin de l'Association pour le développement de l'histoire culturelle*, n° 2, p. 19-34.

OROZCO GOMEZ G. (ed.) (1996), *Miradas latinoamericanas a la televisión*, Mexico, Universidad Iberoamericana.

PASQUIER D. (1999), *La Culture des sentiments. L'expérience télévisuelle des adolescents*, Paris, Éditions de la MSH.

PASSERON J.-C. (dir.) (1999), *Richard Hoggart en France*, Paris, Éditions du Centre Pompidou/BPI.*

PICKERING M. et CHANEY D. (1986), « Democracy and Communication : Mass Observation 1937-1943 », *Journal of Communication*, vol. 36, n° 1.

PIEMME J.-M. (1980), *La Télévision comme on la parle*, Paris-Bruxelles, Nathan-Labor.

RADWAY J. (1984), *Reading the Romance/Women, Patriarchy and Popular Litterature*, University of North Carolina Press.*

REGUILLO R. (1997), « El Oraculo en la ciudad : creencias practicas y geografias simbolicas », Lima, *Dia-Logos*, n° 49.

Réseaux (1996), « Les "Cultural Studies" », n° 80.*

ROACH C. (1997), « Cultural Imperialism and Resistance », *Media, Culture and Society*, vol. 19, p. 47-66.

ROACH J. (1994), « Material Girls : Madonna and "Women Beware Women" », *Continuum*, vol. 7 (2).

ROBINS K. (1979), « Althusserian Marxism and Media Studies : The Case of *Screen* », *Media, Culture and Society*, vol. 1, p. 355-370.

ROBINS K. (2001), « Au-delà de la communauté imaginée ? Les médias transnationaux et les migrants turcs en Europe », *Réseaux*, n° 107, p. 19-39.*

ROBINS K. et WEBSTER F. (1987), « Science, Poetry and Utopia. Humphrey Jennings' *Pandaemonium* », *Science as Culture*, n° 1.*
ROBINS K. et AKSOY A. (2000), « Thinking Across Spaces. Transnational Television from Turkey », *European Journal of Cultural Studies*, vol. 3 (3), p. 343-365.
ROIG A. A. (1998), « Postmodernismo : paradoja e hiperbole. Identidad, subjetividad e historia de las ideas desde una filosofia latinoamericana », *Casa de las Americas*, n° 213.
SARLO B. (1997), « Entrevista », Buenos Aires, *Causas y Azares*, n° 6.
SCHLESINGER P. (1990), « Repenser la sociologie du journalisme », *Réseaux*, n° 51, p. 75-98.
SCHMUCLER H. (1997), *Memoria de la comunicación*, Buenos Aires, Biblos.
SCHRØDER K. C. (2000), « Making Sense of Audience Discourses. Towards a Multidimensional Model of Mass Media Reception », *European Journal of Cultural Studies*, vol. 3 (2), p. 233-258.
SHIELDS R. (1992), *Lifestyle Shopping. The subject of consumption*, Londres, Routledge.
SNOW C. P. (1960), *The Two Cultures and the Scientific Revolution*, Cambridge University Press.
Société (2002), « Wanted Dead or Alive : guerre au terrorisme ou guerre totale ? », n° 22, Montréal.
SOUCHON M. (1969), *La Télévision des adolescents*, Paris, Éditions Ouvrières.
STEELE T. (1997), *The Emergence of Cultural Studies 1945-65. Cultural Politics, Adult Education and the English Question*, Londres, Lawrence and Wishart.*
STORPER M. (2001), « The Poverty of Radical Theory Today : from the False Promises of Marxism to the Mirage of the Cultural Turn », *International Journal of Urban and Regional Research*, vol. 25 (1), p. 155-179.
Temps modernes (Les) (1991), « Démocratie et minorities ethniques », n° 540-1.
THIESSE A.-M. (1999), *La Création des identités nationales*, Paris, Seuil.
THOMPSON E. P. (1955, 1976), *William Morris. Romantic to Revolutionary*, Londres, Merlin.*
THOMPSON E. P. (1988, [1963]), *La Formation de la classe ouvrière britannique*, Paris, Gallimard-Seuil.*
THOMPSON E. P. (1975), *Whigs and Hunters*, Harmondworth, Penguin.*
THOMPSON E. P. (1978), *The Poverty of Theory*, New York, Monthly Review Press.
THOMPSON E. P. (1991), *Customs in Common*, Londres, Merlin.*
URRY J. (1990), *The Tourist Gaze*, Londres, Sage.
VASSALLO DE LOPES M. I. et *alii* (eds) (2002), *Vivendo com a telenovela*, São Paulo, Summus.
VISWANATHAN G. (1990), *Mask of Conquest*, New York, Columbia University Press.
WACQUANT L. (1997), « Les dessous de l'affaire Sokal », *Liber*, n° 30 et n° 31.

WERMUTH M. (1996), « Meanwhile, at the Other Side of the Ocean », *European Network for Cultural and Media Studies*, revue annuelle, Amsterdam.

WHYTE W. (1995 [1943]), *Street Corner Society*, Paris, La Découverte (La Découverte/poche, 2002).

WIENER M. J. (1985), *English Culture and the Decline of the Industrial Spirit 1850-1980*, Harmondsworth, Penguin.

WILLIAMS R. (1961), *The Long Revolution*, Columbia University Press.

WILLIAMS R. (1966 [1958]), *Culture and Society. 1780-1950*, New York, Harper and Row.*

WILLIAMS R. (1962), *Communications*, Harmondsworth, Penguin.

WILLIAMS R. (1974), *Television : Technology and Cultural Form*, Londres, Fontana.*

WILLIAMS R. (1977), *Marxism and Literature*, Londres, Oxford University Press.

WILLIS P. (1977), *Learning to Labour. How Working-Class Kids Get Working-Class Jobs*, New York, Columbia University Press.*

WILLIS P. (1978), *Profane Culture*, Londres, Routledge and Kegan Paul.*

WOMEN'S STUDIES GROUP/CCCS (1978), *Women Take Issue*, Londres, Hutchinson.*

WOOD B. (1998), « Stuart Hall's Cultural Studies and the Problem of Hegemony », *British Journal of Sociology*, vol. 49 (5), p. 399-413.

ZUKIN S. (1995), *The Cultures of Cities*, Oxford, Blackwell.

Index

Table

Collection

R E P È R E S

dirigée par
JEAN-PAUL PIRIOU

avec BERNARD COLASSE, PASCAL COMBEMALE, FRANÇOISE DREYFUS, HERVÉ HAMON, DOMINIQUE MERLLIÉ, CHRISTOPHE PROCHASSON *et* MICHEL RAINELLI

Affaire Dreyfus (L'), n° 141, Vincent Duclert.
Aménagement du territoire (L'), n° 176, Nicole de Montricher.
Analyse financière de l'entreprise (L'), n° 153, Bernard Colasse.
Archives (Les), n° 324, Sophie Cœuré et Vincent Duclert.
Argumentation dans la communication (L'), n° 204, Philippe Breton.
Balance des paiements (La), n° 359, Marc Raffinot, Baptiste Veinet.
Bibliothèques (Les), n° 247, Anne-Marie Bertrand.
Bourse (La), n° 317, Daniel Goyeau et Amine Tarazi.
Budget de l'État (Le), n° 33, Maurice Baslé.
Calcul des coûts dans les organisations (Le), n° 181, Pierre Mévellec.
Calcul économique (Le), n° 89, Bernard Walliser.
Capitalisme financier (Le), n° 356, Laurent Batsch.
Capitalisme historique (Le), n° 29, Immanuel Wallerstein.
Catégories socioprofessionnelles (Les), n° 62, Alain Desrosières et Laurent Thévenot.
Catholiques en France depuis 1815 (Les), n° 219, Denis Pelletier.
Chômage (Le), n° 22, Jacques Freyssinet.
Chronologie de la France au XXe siècle, n° 286, Catherine Fhima.
Collectivités locales (Les), n° 242, Jacques Hardy.
Commerce international (Le), n° 65, Michel Rainelli.
Comptabilité anglo-saxonne (La), n° 201, Peter Walton.
Comptabilité en perspective (La), n° 119, Michel Capron.
Comptabilité nationale (La), n° 57, Jean-Paul Piriou.
Concurrence imparfaite (La), n° 146, Jean Gabszewicz.
Conditions de travail (Les), n° 301, Michel Gollac et Serge Volkoff.
Consommation des Français (La) : **1.** n° 279 ; **2.** n° 280, Nicolas Herpin et Daniel Verger.
Constitutions françaises (Les), n° 184, Olivier Le Cour Grandmaison.
Contrôle budgétaire (Le), n° 340, Nicolas Berland.
Construction européenne (La), n° 326, Guillaume Courty et Guillaume Devin.
Contrôle de gestion (Le), n° 227, Alain Burlaud, Claude J. Simon.
Cour des comptes (La), n° 240, Rémi Pellet.
Coût du travail et emploi, n° 241, Jérôme Gautié.
Critique de l'organisation du travail, n° 270, Thomas Coutrot.
Culture de masse en France (La) : 1. 1860-1930, n° 323, Dominique Kalifa.
Décentralisation (La), n° 44, Xavier Greffe.
Démocratisation de l'enseignement (La), n° 345, Pierre Merle.
Démographie (La), n° 105, Jacques Vallin.
Dette des tiers mondes (La), n° 136, Marc Raffinot.
Développement économique de l'Asie orientale (Le), n° 172, Éric Bouteiller et Michel Fouquin.
DOM-TOM (Les), n° 151, Gérard Belorgey et Geneviève Bertrand.
Droit de la famille, n° 239, Marie-France Nicolas-Maguin.
Droits de l'homme (Les), n° 333, Danièle Lochak.
Droit du travail (Le), n° 230, Michèle Bonnechère.
Droit international humanitaire (Le), n° 196, Patricia Buirette.
Droit pénal, n° 225, Cécile Barberger.
Économie bancaire, n° 268, Laurence Scialom.

Économie britannique depuis 1945 (L'), n° 111, Véronique Riches.
Économie de l'Afrique (L'), n° 117, Philippe Hugon.
Économie de l'automobile, n° 171, Jean-Jacques Chanaron et Yannick Lung.
Économie de l'environnement, n° 252, Pierre Bontems et Gilles Rotillon.
Économie de l'euro, n° 336, Agnès Benassy-Quéré et Benoît Cœuré.
Économie française 2003 (L'), n° 357, OFCE.
Économie de l'innovation, n° 259, Dominique Guellec.
Économie de l'Italie (L'), n° 175, Giovanni Balcet.
Économie de la connaissance (L'), n° 302, Dominique Foray.
Économie de la culture (L'), n° 192, Françoise Benhamou.
Économie de la drogue (L'), n° 213, Pierre Kopp.
Économie de la presse, n° 283, Patrick Le Floch et Nathalie Sonnac.
Économie de la réglementation (L'), n° 238, François Lévêque.
Économie de la RFA (L'), n° 77, Magali Demotes-Mainard.
Économie des États-Unis (L'), n° 341, Hélène Baudchon et Monique Fouet.
Économie des fusions et acquisitions, n° 362, Nathalie Coutinet et Dominique Sagot-Duvauroux.
Économie des inégalités (L'), n° 216, Thomas Piketty.
Économie des organisations (L'), n° 86, Claude Menard.
Économie des relations interentreprises (L'), n° 165, Bernard Baudry.
Économie des réseaux, n° 293, Nicolas Curien.
Économie des ressources humaines, n° 271, François Stankiewicz.
Économie du droit, n° 261, Thierry Kirat.
Économie du Japon (L'), n° 235, Évelyne Dourille-Feer.
Économie du sport (L'), n° 309, Jean-François Bourg et Jean-Jacques Gouguet.
Économie et écologie, n° 158, Frank-Dominique Vivien.
Économie informelle dans le tiers monde (L'), n° 155, Bruno Lautier.
Économie marxiste du capitalisme, n° 349, Gérard Duménil et Dominique Lévy.
Économie mondiale 2003 (L'), n° 348, CEPII.
Économie mondiale des matières premières (L'), n° 76, Pierre-Noël Giraud.
Économie sociale (L'), n° 148, Claude Vienney.
Emploi en France (L'), n° 68, Dominique Gambier et Michel Vernières.
Employés (Les), n° 142, Alain Chenu.
Ergonomie (L'), n° 43, Maurice de Montmollin.
Éthique dans les entreprises (L'), n° 263, Samuel Mercier.
Éthique économique et sociale, n° 300, Christian Arnsperger et Philippe Van Parijs.
Étudiants (Les), n° 195, Olivier Galland et Marco Oberti.
Évaluation des politiques publiques (L'), n° 329, Bernard Perret.
FMI (Le), n° 133, Patrick Lenain.
Fonction publique (La), n° 189, Luc Rouban.
Formation professionnelle continue (La), n° 28, Claude Dubar.
France face à la mondialisation (La), n° 248, Anton Brender.
Front populaire (Le), n° 342, Frédéric Monier.
Gouvernance de l'entreprise (La), n° 358, Roland Perez.
Grandes économies européennes (Les), n° 256, Jacques Mazier.
Guerre froide (La), n° 351, Stanislas Jeannesson.
Histoire de l'administration, n° 177, Yves Thomas.
Histoire de l'Algérie coloniale, 1830-1954, n° 102, Benjamin Stora.
Histoire de l'Algérie depuis l'indépendance,
1. 1962-1988, n° 316, Benjamin Stora.
Histoire de l'Europe monétaire, n° 250, Jean-Pierre Patat.
Histoire du féminisme, n° 338, Michèle Riot-Sarcey.

Histoire de l'immigration, n° 327, Marie-Claude Blanc-Chaléard.

Histoire de l'URSS, n° 150, Sabine Dullin.

Histoire de la guerre d'Algérie, 1954-1962, n° 115, Benjamin Stora.

Histoire de la philosophie, n° 95, Christian Ruby.

Histoire de la société de l'information, n° 312, Armand Mattelart.

Histoire de la sociologie :
1. **Avant 1918**, n° 109,
2. **Depuis 1918**, n° 110,
Charles-Henry Cuin et François Gresle.

Histoire des États-Unis depuis 1945 (L'), n° 104, Jacques Portes.

Histoire des idées politiques en France au XIXe siècle, n° 243, Jérôme Grondeux.

Histoire des idées socialistes, n° 223, Noëlline Castagnez.

Histoire des théories de l'argumentation, n° 292, Philippe Breton et Gilles Gauthier.

Histoire des théories de la communication, n° 174, Armand et Michèle Mattelart.

Histoire du Maroc depuis l'indépendance, n° 346, Pierre Vermeren.

Histoire du Parti communiste français, n° 269, Yves Santamaria.

Histoire du parti socialiste, n° 222, Jacques Kergoat.

Histoire du radicalisme, n° 139, Gérard Baal.

Histoire du travail des femmes, n° 284, Françoise Battagliola.

Histoire politique de la IIIe République, n° 272, Gilles Candar.

Histoire politique de la IVe République, n° 299, Éric Duhamel.

Histoire sociale du cinéma français, n° 305, Yann Darré.

Industrie française (L'), n° 85, Michel Husson et Norbert Holcblat.

Inflation et désinflation, n° 48, Pierre Bezbakh.

Insécurité en France (L'), n° 353, Philippe Robert.

Introduction à Keynes, n° 258, Pascal Combemale.

Introduction à l'économie de Marx, n° 114, Pierre Salama et Tran Hai Hac.

Introduction à l'histoire de la France au XXe siècle, n° 285, Christophe Prochasson.

Introduction à la comptabilité d'entreprise, n° 191, Michel Capron et Michèle Lacombe-Saboly.

Introduction à la macroéconomie, n° 344, Anne Épaulard et Aude Pommeret.

Introduction à la microéconomie, n° 106, Gilles Rotillon.

Introduction à la philosophie politique, n° 197, Christian Ruby.

Introduction au droit, n° 156, Michèle Bonnechère.

Introduction aux *Cultural Studies*, n° 363, Armand Mattelart et Érik Neveu.

Introduction aux sciences de la communication, n° 245, Daniel Bougnoux.

Introduction aux théories économiques, n° 262, Françoise Dubœuf.

Islam (L'), n° 82, Anne-Marie Delcambre.

Jeunes (Les), n° 27, Olivier Galland.

Jeunes et l'emploi (Les), n° 365, Florence Lefresne.

Judaïsme (Le), n° 203, Régine Azria.

Justice en France (La), n° 116, Dominique Vernier.

Lexique de sciences économiques et sociales, n° 202, Jean-Paul Piriou.

Libéralisme de Hayek (Le), n° 310, Gilles Dostaler.

Macroéconomie. Investissement (L'), n° 278, Patrick Villieu.

Macroéconomie. Consommation et épargne, n° 215, Patrick Villieu.

Macroéconomie financière :
1. **Finance, croissance et cycles**, n° 307,
2. **Crises financières et régulation monétaire**, n° 308, Michel Aglietta.

Management de la qualité (Le), n° 315, Michel Weill.

Management international (Le), n° 237, Isabelle Huault.

Marchés du travail en Europe (Les), n° 291, IRES.

Système monétaire international (Le), n° 97, Michel Lelart.
Taux de change (Les), n° 103, Dominique Plihon.
Taux d'intérêt (Les), n° 251, A. Benassy-Quéré, L. Boone et V. Coudert.
Taxe Tobin (La), n° 337, Yves Jegourel.
Tests d'intelligence (Les), n° 229, Michel Huteau et Jacques Lautrey.
Théorie de la décision (La), n° 120, Robert Kast.
Théories économiques du développement (Les), n° 108, Elsa Assidon.
Théorie économique néoclassique (La) :
1. Microéconomie, n° 275,
2. Macroéconomie, n° 276,
Bernard Guerrien.
Théories de la monnaie (Les), n° 226, Anne Lavigne et Jean-Paul Pollin.
Théories des crises économiques (Les), n° 56, Bernard Rosier et Pierre Dockès.
Théories du salaire (Les), n° 138, Bénédicte Reynaud.
Théories sociologiques de la famille (Les), n° 236, Catherine Cicchelli-Pugeault et Vincenzo Cicchelli.
Tiers monde (Le), n° 53, Henri Rouillé d'Orfeuil.
Travail des enfants dans le monde (Le), n° 265, Bénédicte Manier.
Travail et emploi des femmes, n° 287, Margaret Maruani.
Travailleurs sociaux (Les), n° 23, Jacques Ion et Bertrand Ravon.
Union européenne (L'), n° 170, Jacques Léonard et Christian Hen.
Urbanisme (L'), n° 96, Jean-François Tribillon.

Dictionnaires
R E P È R E S

Dictionnaire de gestion, Élie Cohen.
Dictionnaire d'analyse économique, *microéconomie, macroéconomie, théorie des jeux, etc.*, Bernard Guerrien.

Guides
R E P È R E S

L'art de la thèse, *Comment préparer et rédiger une thèse de doctorat, un mémoire de DEA ou de maîtrise ou tout autre travail universitaire*, Michel Beaud.
Les ficelles du métier. *Comment conduire sa recherche en sciences sociales*, Howard S. Becker.
Guide des méthodes de l'archéologie, Jean-Paul Demoule, François Giligny, Anne Lehoërff, Alain Schnapp.
Guide du stage en entreprise, Michel Villette.
Guide de l'enquête de terrain, Stéphane Beaud, Florence Weber.
Manuel de journalisme. *Écrire pour le journal*, Yves Agnès.
Voir, comprendre, analyser les images, Laurent Gervereau.

Manuels
R E P È R E S

Analyse macroéconomique 1.
Analyse macroéconomique 2.
17 auteurs sous la direction de Jean-Olivier Hairault.
Une histoire de la comptabilité nationale, André Vanoli.

Composition Facompo, Lisieux (Calvados)
Achevé d'imprimer en mars 2003 sur les presses de l'imprimerie Campin à Tournai (Belgique)
Dépôt légal : Avril 2003.